QUESTION

COLONIALE,

PAR

Charles LEVAVASSEUR.

PARIS.

DELAUNAY, LIBRAIRE,

PALAIS-ROYAL.

—

1839.

QUESTION

COLONIALE.

Paris, imprimerie de Béthune et Plon, ruc de Vaugirard, 36.

QUESTION COLONIALE,

PAR

CHARLES LEVAVASSEUR.

PARIS.

CHEZ DELAUNAY, LIBRAIRE,

PALAIS-ROYAL.

1839

QUESTION COLONIALE.

« La raison du plus fort est toujours la meilleure. »

○

INJUSTICE DE LA FRANCE ENVERS SES COLONIES.

Les colonies ont un grand tort, celui d'être faibles et isolées ; elles n'ont aucune justice à espérer, parce qu'on n'a rien à craindre d'elles. Si, comme les États-Unis, elles pouvaient proclamer leur indépendance ; si, comme le Canada, elles pouvaient seulement tenter une révolte, on écouterait vite leurs griefs et nous enverrions peut-être, à l'exemple de l'Angleterre, quelque nom illustre entouré d'une grande popularité leur porter des paroles de paix. Pour les ramener au sein de la famille nationale, on leur rappellerait les mots magiques de France et de patrie, et bien des concessions leur seraient faites plutôt que de les pousser au désespoir. Quand le gouvernement lui-même croirait d'une bonne et sage politique de n'opposer aux menaces ou à la révolte que la rigueur des lois ou la force des armes, les colonies auraient en-

1

core en leur faveur les sympathies de ceux pour qui le mot *insurrection* est un symbole. Les nombreux partis qui, pour mille causes diverses, se réjouissent hautement ou en secret des embarras suscités à un ministère, plaideraient avec chaleur la cause des colonies, et même dans les chambres plus qu'ailleurs, car peut-être alors on ferait de la question coloniale une question de portefeuille.

Telle n'est point la position de nos colonies : elles sont trop faibles, trop isolées pour avoir recours à la force, et alors on se rit de leur faiblesse, on insulte à leur misère. On traite de *misérables petits îlots* des lieux occupés par des citoyens français; et cette qualité de citoyen français, on la dénie à nos compatriotes, lorsqu'ils la réclament pour leur personne ou en faveur des produits de leur sol. S'agit-il de leurs droits civils et politiques? on prétend qu'ayant des intérêts distincts de ceux de la France, ils ne doivent pas entrer dans la représentation nationale. Est-il question de leurs produits? on trouve juste de les accabler d'impôts et de protéger contre eux des produits similaires. Cependant lorsque les colonies qui, à tout prix, ne voudraient pas cesser d'être françaises, parce qu'elles sont fières de leur nationalité, sont amenées par la misère à réclamer leur émancipation commerciale, alors encore elle leur est refusée; on les taxe presque d'ingratitude; on les accuse d'avoir oublié si vite les priviléges dont elles ont joui si long-temps!

PRIVILÉGE DIT COLONIAL, QUI N'EST AUTRE CHOSE
QU'UN PRIVILÉGE MÉTROPOLITAIN.

Beau privilége, en vérité, que celui que la France, souveraine absolue, avait octroyé à ses colonies en vue de ce qu'elle croyait être son unique et exclusif intérêt! Dans notre temps de révolution où l'on s'attache encore plus aux mots qu'aux choses, ce mot de privilége colonial a été bien fatal aux colonies. Il n'a pas peu contribué à indisposer contre elles tous ceux qu'à tort ou à raison, de loin ou de près, le mot *privilége* effarouche. Plus de priviléges, voilà le mot qui retentit d'un bout de la France à l'autre depuis 1789. Plus de privilége colonial, s'écrie alors la multitude qui, sans remonter à l'origine des choses, s'imagine que ce privilége a été exclusivement établi en faveur des colonies. Plus de privilége métropolitain, disent à leur tour les colons, condamnés par la loi française à ne vivre que des produits de notre sol, à ne se vêtir que des étoffes de nos manufactures, à ne naviguer que sur les navires construits dans nos ports, à n'abriter leur tête que sous la tuile venue de France.

Répondez, ennemis du privilége, est-ce la France ou les colonies qui l'ont établi, ce privilége? La métropole a disposé en conquérante de pays qu'elle a gouvernés sans les consulter; elle a créé un privilége, elle s'en est réservé les profits, et aujourd'hui elle vient reprocher aux colons un état de choses qu'ils n'ont fait que subir!

C'est une question de taxes qui a séparé l'Angleterre de l'Amérique du nord ; c'est pour briser des priviléges coloniaux que l'Amérique espagnole a pris les armes. Si Bolivar, pour lequel nous nous sommes tant passionnés, n'avait eu, en levant l'étendard de l'indépendance, d'autres auxiliaires que les partisans des libertés politiques, sa cause n'eût peut-être pas été gagnée. L'avenir nous a appris combien peu les peuples de l'Amérique espagnole apprécient les mérites du régime constitutionnel. Bolivar lui-même fut obligé d'agir en dictateur, ne pouvant faire comprendre nos théories libérales à ceux qu'il avait menés au combat. Depuis sa mort l'on ne s'est pas aperçu que la liberté, telle que nous l'entendons, ait fait de progrès dans ces pays lointains.

La liberté pour l'Amérique espagnole, c'était, avant tout, la liberté de vendre ou d'acheter à qui bon lui semblait. Elle lutta plutôt pour la liberté commerciale dont elle avait besoin, que pour la liberté politique dont, jusqu'à présent, elle n'a pas compris l'usage. C'est que les intérêts, dans la vie des peuples comme dans celle des individus, ont bien plus d'empire encore que les théories, et que celles-ci ne se développent généralement qu'à la suite d'intérêts froissés, ou en vue d'intérêts à satisfaire.

Pendant notre déplorable lutte avec l'Espagne, l'Angleterre et les États-Unis inondèrent de marchandises l'Amérique espagnole, mirent à la portée de tous les consommateurs des produits inconnus d'eux jusqu'alors, ou qu'ils ne pouvaient se procurer qu'à des prix très-élevés. L'Amérique, à son tour, trouva un débouché plus facile de ses denrées, et une révolution économique s'étant opérée dans le bien-être de chaque famille et dans les relations générales du pays, elle s'indigna plus tard à la pensée de retomber sous le joug du commerce espagnol, c'est-à-dire du privilége métropolitain que nous nous sommes, nous Français, avisés d'appeler privilége colonial. Ce qu'a fait l'Amérique espagnole, faut-il reprocher à nos colonies, fidèles à la France, de ne l'avoir pas entrepris?

ADVERSAIRES DES COLONIES. — INCONVÉNIENT POUR ELLES DE NE PAS ÊTRE REPRÉSENTÉES DANS LES CHAMBRES.

Le privilége colonial, dont les avantages et les inconvénients ont été diversement appréciés par les économistes, est encore un sujet d'ardente controverse. Nous n'osons dire s'il a été utile ou nuisible à la France; mais, assurément, il a créé de nombreux ennemis aux colonies. Obligées de recevoir nos produits, quel qu'en soit le prix ou la qualité, elles ont dû réclamer pour que la préférence fût accordée en toute occasion à leurs denrées sur le marché de la métropole; et cette nécessité pour elles de défendre, sous peine d'une ruine complète, les clauses d'un contrat qui leur était imposé, leur a valu la haine ou la jalousie de tous les partisans de la liberté commerciale. C'est ainsi que dans nos villes maritimes, là où il ne devrait y avoir qu'une voix en faveur des colonies, il existe encore deux partis en présence : l'un, ami des colonies parce qu'il a l'expérience des avantages qu'elles ont procurés au commerce, et parce qu'il sait bien, lors même que le privilége aurait eu de mauvais résultats, que la France en a fait la condition d'existence de ses possessions d'outre-mer ; l'autre, adversaire des colonies, parce qu'il leur garde rancune de toutes les spéculations auxquelles il n'a pu se livrer, et qu'il fait retomber sur elles, qui n'y peuvent rien, toutes ses antipathies contre le système économique que la France s'est donné.

Ainsi, l'on voudrait que les colonies, forcées de tout recevoir de notre main, exploitées par nous seuls, comme un monopole dont nous nous réservions l'entière jouissance, eussent, dans des temps meilleurs pour elles, poussé l'abnégation jusqu'à demander que nos ports fussent ouverts aux produits étrangers !

Aujourd'hui ce n'est plus contre la concurrence étrangère que les colonies ont à se défendre ; c'est la concurrence indigène qui a juré leur perte, et qui, tout en parlant de progrès, d'amélioration sociale, de bienfaits agricoles, ne craint pas, elle, de réclamer tout haut un privilége pour sa brillante découverte. Cette découverte, fille de la conquête, procède comme la conquête par voie de destruction ; elle ruine le trésor, le commerce maritime, l'avenir de notre marine militaire, et tous les intérêts agricoles et manufacturiers qui se rattachent aux colonies. Elle est contraire à l'intérêt du peuple, et pourtant elle est populaire ! Par elle le peuple paiera son pain plus cher, mais il ne s'en doutera pas, car on est parvenu à l'abuser ! Pour lui la nouvelle découverte a quelques reflets de l'auréole napoléonienne ; c'en est assez pour qu'il lui soit bienveillant, et même disposé à voir renouveler, en sa faveur, le blocus continental.

Ce sentiment de bienveillance est aussi entretenu par les propriétaires du sol, qui, sous le prétexte d'encourager l'agriculture, ne rêvent en réalité qu'une augmentation de revenus. Ces propriétaires sont en majorité dans la chambre ; à peine y compte-t-on quelques hommes sortis des rangs du commerce ; et encore ceux qui sont censés le représenter, ne lui appartiennent plus directement. Pour entrer dans la vie publique, ils ont le plus souvent renoncé aux affaires, et placé leurs capitaux sur des terres dont on est bien aise de voir augmenter la valeur.

La majorité des députés est donc opposée aux colonies, ou au moins prévenue contre elles, parce qu'elle sait, en leur rendant justice, qu'elle blesserait l'intérêt qui lui est le plus cher ; elle a soin de confondre sans cesse le prétendu intérêt agricole avec le sien propre. Il n'y avait pas besoin de la question des sucres pour être frappé de la tendance des chambres, toutes les fois qu'il s'est agi de l'intérêt territorial. Lorsque le gouvernement proposa la loi des céréales, basée sur l'intérêt de la classe la plus nombreuse, il fut faiblement soutenu et vigoureusement attaqué. Des députés qui, en d'autres occasions, recherchent la popularité furent les premiers à s'élever contre la loi ; ils prétendirent qu'elle était contraire aux intérêts de l'agriculture, et firent tous leurs efforts pour que le blé ne pût jamais être à bon marché.

Voit-on les chambres réclamer contre l'impôt qui pèse sur les bestiaux étrangers, alors que tous les consommateurs se plaignent du haut prix et de la rareté de la viande, et que des départements, tout entiers, ayant à leur porte l'abondance des bestiaux, éprouvent cependant une sorte de disette ? Non, les chambres repoussent une question si vitale. Car la propriété du sol pourrait avoir à souffrir d'un changement dans la législation. Les députés se laissent volontiers aller à ce qu'ils croient être leur intérêt, et en cela ils pensent servir fidèlement leurs commettants. Ces commettants, presque tous propriétaires, ne voient-ils pas les questions économiques à peu près au même point de vue que leurs mandataires.

Ils seront bien venus après cela, les colons, de dire à la chambre que l'assolement des terres ne gagne rien à l'industrie du sucre indigène, que la betterave qui le fournit épuise le sol et ne germe qu'à force d'engrais enlevé aux autres cultures ; ils auront bonne grâce à prétendre que les terres les plus riches et les plus fertiles du royaume, employées à la culture de la betterave, n'ont plus produit de blé, et que le blé est venu à manquer ; que des élèves de bestiaux qu'on devait multiplier en si grand nombre, il n'en est plus question. Leurs adversaires à la chambre se diront :

tant mieux si le blé est cher, à merveille si les bestiaux deviennent rares, les baux vont augmenter, la betterave est notre providence. Et ce langage intime se traduira bientôt à la tribune en dévoûment à l'intérêt agricole, aux découvertes de la science, au progrès en général qui, dans le cas particulier, nous procure l'insigne bonheur de payer plus cher le blé, la viande, et surtout le sucre que l'on ne veut point dégrever, sans doute aussi, par amour du progrès.

Repoussés par les propriétaires du sol, les colons iront-ils s'adresser aux abolitionistes de la chambre qu'ils ont toujours trouvés parmi leurs adversaires? Ceux-ci ne verront peut-être dans la crise actuelle des colonies qu'un moyen plus prompt et plus facile d'arriver à l'affranchissement des noirs; il n'en est pas de plus sûr que celui qui les rendrait inutiles et même à charge à leurs maîtres.

L'excellent moyen de ne point payer d'indemnité aux colons que de pouvoir leur dire : Désormais vous n'aurez plus besoin de bras pour cultiver le sucre ; nous pouvons donc en toute conscience, et même dans votre intérêt, proclamer un bill d'émancipation, sans indemnité préalable. C'est là l'heureuse idée qui sourit à quelques abolitionistes, et qui simplifierait singulièrement l'œuvre qu'ils ont entreprise.

Parmi tous les adversaires patents ou occultes des colonies, nous n'avons pas compté ceux qui sont directement intéressés dans l'exploitation d'une sucrerie indigène. Qu'on juge si ceux-là manqueront d'être philantropes le jour où l'on proscrira le sucre produit par le travail esclave !

Les colons n'ont donc que des adversaires pour juges. Leur trouverons-nous un juge impartial dans le ministre du commerce, qui doit être pourtant l'arbitre de tous les intérêts, dans M. Martin (du Nord)? Le nom du département auquel il appartient est au moins une présomption qu'il doit voir avec plaisir les succès du sucre de betteraves. Comment être indifférent, dans notre système électif, aux intérêts de ses commettants, de ses amis, de ses parents peut-être? Quelque juste que soit M. Martin, quelque éclairé qu'il puisse être, il est des liens qu'il ne peut briser, des souvenirs qu'il ne peut effacer, des intérêts qu'il ne peut blesser. Personne n'a oublié que, dans la discussion de la loi de 1837, discussion que M. le ministre du commerce devait diriger, M. Martin garda un coupable silence.

Si l'on passe en revue tous les intérêts qui dominent dans les chambres, on cherchera vainement des défenseurs sérieux des colonies. Encore si elles y avaient des représentants directs, l'influence de leurs députés serait de quelque poids dans le gouvernement ! Mais quel cas fait-on de ceux qui ne peuvent jamais être utiles et qui ne peuvent que supplier ?

M. Duchâtel, ministre des finances dans le cabinet du 11 septembre, présenta aux chambres un projet de loi qui, sans donner aux colonies une satisfaction complète, eût été au moins accepté par elles avec reconnaissance, comme un commencement de réparation.

Avant l'examen du projet de loi économique vint une discussion politique ; une voix de majorité renversa le ministère. Si les colonies avaient eu des représentants à la chambre, leurs députés auraient probablement soutenu de leur vote une administration dont M. Duchâtel faisait partie : le ministère n'eût pas été changé plus tard ; M. Duchâtel eût fait adopter son projet de loi, et les colonies ne seraient pas arrivées aujourd'hui au dernier degré de la misère.

Cet exemple prouve que si les colonies sont négligées par le gouvernement et sacrifiées par les chambres, c'est qu'elles n'y jouissent pas de l'influence qu'y exercent tous les autres intérêts. Réduites à choisir parmi les députés de la chambre quelques-uns de leurs délégués, ceux-ci ont le désavantage d'avoir un double mandat à remplir, et surtout de se trouver, avec un mandat salarié, dans une chambre dont les fonctions sont gratuites.

MISÈRE DES COLONIES.

Jadis la qualité de colon faisait supposer la richesse : c'était des Antilles ou des Grandes-Indes que les auteurs de comédies faisaient venir les vieux oncles, tout exprès pour doter les jeunes nièces sans fortune. De cette tradition du théâtre, frivole en apparence, on peut au moins retirer cet enseignement sérieux et économique : c'est que si quelques colons devenaient riches, ils portaient toujours cette richesse dans la métropole, pour en faire quelquefois un libéral et noble usage. La France recueillait donc, en définitive, le bénéfice de toutes les peines que s'était données le colon sur un sol étranger. Ainsi le champ fertilisé loin de nous s'ajoutait à notre territoire, et les fruits qu'il produisait revenaient à la mère-patrie. Aujourd'hui, c'est chose inutile pour elle ; grâce au progrès de nos savants et à nos lois de douane, elle est si grande, si fertile et si riche, qu'elle peut tout produire et ne rien recevoir !

Alors que Saint-Domingue, cette reine des Antilles dont il faut pleurer la mémoire, faisait la splendeur de Nantes et de Bordeaux, et posait les bases de la prospérité du Hâvre ; alors qu'elle approvisionnait une partie de l'Europe, et versait ses trésors sur toute la France, on a vu effectivement quelques riches colons ; et la métropole qui recevait leurs richesses ne les a peut-être pas regardées sans un œil d'envie. Mais, hélas ! cette opulence a été de courte durée et cruellement expiée par ceux qui la possédaient. La source en est tarie. Est-ce la faute des colons ou de la métropole ? Nous avons commis, il y a quarante ans, un grand crime envers nos compatriotes d'outre-mer ; nous leur avons donné une mort prompte et terrible, en voulant leur porter la liberté. Aujourd'hui nous faisons mourir à petit feu ceux qui ont échappé à un même désastre, et qui pouvaient croire qu'après tant de maux soufferts, un peu de repentir ou de compassion nous ferait

au moins leur tendre une main amie. Nos colonies
meurent de misère et de consomption, non moins
cruellement que Saint-Domingue a disparu au milieu
des flammes et du sang. Cette misère n'est point en
elles ; elles la supportent, mais elles n'en sont point
responsables. C'est la France, quelquefois si généreuse
envers les nations étrangères, si enthousiaste un jour
pour des noirs révoltés, que, sans garantie, elle leur jeta
ses capitaux ; c'est cette France, devenue marâtre pour
ses colonies, qui les a mises sur un lit de misère et de
mort ! Elle prélève, entendez-le bien ! 250 pour cent de
droits sur leurs produits ; d'une main, elle perçoit 25
centimes sur une livre de sucre qui, aux lieux de production, est tombée à 10 centimes sans trouver d'acheteur,
et de l'autre, elle empêche le colon qui ne sait, chez
nous, où vendre et porter sa denrée, de la vendre et de la
porter ailleurs qu'en France ! Il n'y a plus d'alternative,
il faut que le colon meure de faim au milieu de l'a-
bondance de ses récoltes. Et cette livre de sucre qu'il
ne trouve pas à vendre pour 10 centimes aux lieux
de production, c'est pis encore s'il l'envoie en France ;
souvent alors elle ne lui produit pas plus de 8 centimes : c'est là le sort réservé à ceux qu'un député de l'*Aisne* a qualifiés de *spéculateurs*, dans
la session de 1837, à la grande approbation de la
chambre !

Au prix de 8 ou 10 centimes, le colon n'a rien de
mieux à faire que de jeter ses sucres à la mer, et
d'aller vivre dans les bois avec ses nègres : ceux-ci

peut-être, témoins de la réalité de la misère de leur maître, ne lui demanderont, en rentrant sur l'habitation, ni vivres, ni vêtements. A l'heure où nous traçons ces lignes, le maître ne sait comment nourrir ses esclaves, comment vivre lui-même ; car la livre de sucre qu'il ne peut vendre 10 centimes, lui a coûté au moins 20 centimes de production, et désormais, couvert de dettes, sans crédit aucun, il ne sait comment faire et à qui demander des ressources. Dans des temps ordinaires, il s'adresserait au négociant de la métropole, et tâcherait d'avoir recours à son crédit ou à ses capitaux. Mais depuis long-temps cet expédient n'a plus de succès. Les crédits ont été donnés à une époque moins calamiteuse et où il restait une lueur d'espoir. Les habitants n'ont pu satisfaire à leurs engagements ; des hypothèques ont été prises sur leurs propriétés, et aujourd'hui ils n'ont aucun avantage à offrir en perspective au prêteur, aucune sûreté à lui présenter. Puis, une propriété, libre de toutes charges anciennes, mais ne rapportant rien aujourd'hui, n'offrant que la chance de pertes annuelles, n'ayant dans l'avenir aucun gage de prospérité, peut-elle donner la moindre ressource à celui qui la possède ? Depuis quelques années, les colons ont été si malheureux, qu'il faudrait d'excellentes récoltes et de bons prix de vente pour les libérer envers leurs créanciers. Comment donc trouveraient-ils un seul centime à emprunter, dans la détresse actuelle, lorsque leurs titres de propriété ne sont que des titres vains et de nulle valeur ?

Le propriétaire qui, en France, encourage son fermier à cultiver la betterave, avec l'arrière-pensée bien légitime d'augmenter son fermage, a trouvé un moyen ingénieux et philantropique de tirer d'embarras son frère des colonies ; il lui dit : Vous ne pouvez plus cultiver la canne à sucre, parce qu'il est juste que vous, colon français, vous payiez 250 pour cent de droits sur vos produits, et que nous, colons indigènes, nous ne payions rien ou à peu près. Il est juste que nous puissions faire tous les perfectionnements possibles, et à vous, qu'ils soient interdits. Renoncez donc à la culture du sucre, car il n'a dû vous être permis d'en produire qu'à une époque où nous n'en pouvions faire. Le café qui fait nos délices ne croît pas encore sur notre sol. Plantez donc du café, plantez... car pour le café il faut encore du sucre ; c'est sur ce terrain que nous ferons alliance !

Et moi aussi, habitant de la Normandie, je dirai à l'homme du midi : arrachez les vignes qui tapissent vos coteaux, les oliviers qui croissent dans vos champs ; plantez les pommiers dont le jus est si abondant, et dont vous retirerez un extrême profit dans une trentaine d'années ; semez le colza qui vous rendra au centuple ce que donne l'olivier. Ou bien encore, l'agronome du midi viendra dire à celui du nord : arrachez vos blés et cultivez la vigne. Ce langage n'est pas plus singulier que celui du propriétaire indigène, disant au colon des Antilles de planter le café là où il cultivait le sucre.

Il est des terrains propres à la culture du café, et d'autres qui conviennent mieux à la canne à sucre. Le café aime comme la vigne les côtes et un sol chaud et léger. Il est certaines expositions où il se plaît particulièrement, et d'autres où il vient mal, où même il meurt. La canne au contraire aime la plaine et les terrains dont le sol est profond.

Le cafier n'est vraiment productif dans nos Antilles que sur quelques *mornes peu étendus et isolés; il ne demande que peu de soin* ; il n'avait fait vivre jusqu'à ce jour que de *petits habitants* qui , n'ayant d'autre ressource, se contentaient de leur modeste culture.

Comment oser proposer aux colons dont la vaste exploitation est aménagée pour la culture de la canne à sucre, d'aller planter du café? autant vaudrait exiger du fermier normand qu'il ne semât plus de blé.

Enfin, oublie-t-on, en supposant que le cafier vînt dans toutes les terres, qu'il faut plusieurs années pour l'élever, et que des années d'attente pour l'homme qui n'a rien, sont la misère et la mort?

On a dit qu'en vue du profit de la canne à sucre on avait négligé et même arraché le cafier. D'abord, le fait a peu d'importance, puisqu'il résulte des documents officiels publiés par le ministère de la marine, que cette culture n'a subi dans les Antilles qu'un treizième de diminution depuis 22 ans (1); puis cette diminution elle-même a été nécessitée par le dépouillement

---

(1) En 1816 la culture du café occupait dans nos trois principales colonies 14,369 hectares. En 1836, 13,241 hectares.

des mornes, dont les pluies abondantes ont enlevé les terres, et frappé de stérilité quelques localités propres à la culture du café.

En Normandie aussi on voyait des vignes, il y a moins d'un demi-siècle; elles ont été presque toutes arrachées. Est-ce à dire que le Normand n'est point un cultivateur intelligent, ou que la culture du blé a donné des profits extrêmes? Non, sans doute ; cela prouve seulement que, les communications étant plus faciles, le vin du midi est arrivé en Normandie à peu de frais, et que, dans cette partie de la France, il n'y a plus eu de profit possible pour le vigneron qui, avec beaucoup de peine, n'obtenait que d'assez mauvais vin sur quelques coteaux privilégiés.

Nous insistons sur cet exemple parce que c'est vraiment pitié d'entendre dire aux cultivateurs de betteraves, dont le mérite ne repose que sur un exorbitant privilége, qu'il faut dans nos colonies arracher la canne à sucre pour y substituer le café. Il serait bien plus conforme à la justice, à la raison et aux intérêts de la France, de renvoyer ces innovateurs à la culture du blé qui manque aujourd'hui, quand le sucre se perd à flots sur le littoral de nos colonies et dans les magasins de nos entrepôts.

L'espoir de récolter du café étant évanoui, que reste-t-il à faire aux colons? Viendront-ils en France implorer notre aumône?

Quand nous avons dit que les colons, pour se débarrasser de leurs sucres, n'auraient plus bientôt qu'à les jeter à la mer, nous n'avons pas exagéré. Que n'y ont-ils songé plus tôt? ils n'en seraient pas plus pauvres, et le trésor, privé de trente ou quarante millions, perçus sur leur misère, fruit de leurs dépouilles, aurait au moins écouté les conseils de son intérêt; peut-être eût-il enfin reconnu que c'est un mauvais calcul de tuer la poule aux œufs d'or.

INFLUENCE DE LA RUINE DES COLONIES SUR LES INTÉRÊTS FRANÇAIS.

On comprend qu'une nation soit injuste envers une autre, qu'elle cherche à l'avilir et à la ruiner; la morale condamne une pareille politique, mais l'ambition et l'intérêt l'expliquent, s'ils ne la justifient. On concevrait donc que la France traitât ses colonies comme un pays ennemi, et les sacrifiât, si tel était son intérêt. A nos yeux ce serait un indigne abus de la force, car la métropole n'a pas plus le droit de faire périr ses colonies, qu'un père n'a celui d'immoler ses enfants.

Que des colonies se soulèvent, cela n'a rien de surprenant ou d'odieux; un âge vient où la tutelle de la mère-patrie n'est plus pour elles qu'une véritable oppression; elles sentent que sans liberté l'avenir leur manquera; et ce sentiment a quelque chose de trop noble pour qu'on ne soit pas disposé à encourager leur émancipation. Tout le monde en France a applaudi à l'indépendance des États-Unis, et des milliers de Français l'ont payée de leur sang. Mais il en est peu qui

aient vu d'un bon œil l'abandon de la Louisiane,
même à prix d'argent. Ceci est une affaire de morale
politique, mais avant la morale, avons-nous dit, passent
trop souvent l'ambition et l'intérêt des peuples.

L'ambition ou l'intérêt de la France lui disent-ils
donc de laisser périr ses colonies?

Oui, nous répondraient les fabricants de la betterave, qui croient qu'un duel à mort s'est établi entre
leurs priviléges et nos colonies. Chaque industrie a,
comme chaque être, l'instinct de sa conservation, et
la betterave craint que le jour où il faudra qu'elle
combatte à armes égales contre sa rivale, elle ne suc-
combe dans la lutte. C'est en vain qu'elle nous montre ses prodigieuses améliorations, sa dessiccation fu-
ture, son rendement possible, et que, procédant du
connu à l'inconnu, elle nous fait déjà voir ses produits
passant les mers et consommés sous les tropiques :
pour nous qui croyons fermement que le Nord et le
Midi ont leurs produits spéciaux, et que l'homme ne
peut point arbitrairement intervertir l'ordre de la
nature, nous n'ajoutons aucune foi aux romans
commerciaux que des plumes élégantes et faciles
revêtent de tout le prestige de l'imagination, de toute
l'autorité de la science. La betterave, après avoir
chanté victoire et nous avoir habilement préparés
d'avance à la mort des colonies qu'elle déclare inévitable, n'en revient-elle pas, en définitive, à son
thème favori, à son point d'appui le plus solide, au
privilège? Qu'on lui enlève ce privilége, et alors, comme

tant d'autres industries, elle peut rentrer dans le néant: en attendant, elle combat de toutes ses forces pour le soutenir, et prétend que son intérêt éphémère et factice est celui de la France.

Mais contre cet unique intérêt, cet intérêt si jeune, combien d'autres s'élèvent plus anciens et qui devraient être plus puissants ! Mais ils sont malheureusement sans appui et sans sympathie au sein des chambres.

Les manufactures françaises qui avaient leur débouché aux colonies le trouvent fermé dès à présent. Plus de tissus de toile, de laine ou de coton à expédier dans des pays qui n'ont rien à donner en échange ; les nombreuses pétitions des villes manufacturières sont là pour attester que la crise coloniale réagit sur les fabricants français. Leurs ouvriers manquent de travail et le pain est plus cher; voilà les deux bienfaits que les pays de fabrique doivent à la betterave.

Plus d'instruments d'exploitation à porter dans un pays où il n'y aura bientôt plus d'agriculture; des provisions ne sont plus nécessaires là où l'habitant devra se contenter, comme le nègre, de sa farine de manioc.

Ce serait insulter à la misère des colons que de parler des ameublements, des objets de mode ou de luxe que Paris leur envoyait autrefois.

Non-seulement le Midi n'expédiera plus ses vins aux colonies, mais encore les spiritueux extraits des résidus de la betterave viendront en concurrence avec ceux de la vigne. Ce fait est peut-être un de ceux qui méritent le plus l'attention des députés méridionaux. L'industrie du sucre indigène ne se borne pas à demander que dans les colonies françaises on arrache la canne à sucre ; elle vient maintenant lutter avec le produit le plus abondant du Midi, qui déjà se plaint de manquer de débouchés, et partout en cherche inutilement. Cette lutte aura des conséquences sérieuses, si le privilége l'emporte sur le bon droit. Le sucre colonial, une fois chassé du marché métropolitain, sera aussitôt remplacé par le sucre indigène ; et plus celui-ci sera abondant, plus les spiritueux extraits de ses résidus feront concurrence aux spiritueux des pays vignobles.

Le sucre indigène se faisait tout petit à son apparition, et les colonies le dédaignaient comme un rival inoffensif. Que le sort qu'elles subissent aujourd'hui serve d'avertissement au pays vignoble. Dans notre système économique, c'est l'industrie du Nord, vigoureuse et privilégiée, qui s'avance vers le Midi, comme jadis la conquête descendit du Nord sur nos régions plus tempérées.

La science agricole repousse elle-même la nouvelle découverte comme contraire aux bons assolements et à l'intérêt de la classe la plus nombreuse. Nos terres les plus riches, étant plantées de betteraves aux dépens des céréales, celles-ci augmentent de prix ; et le pauvre, qui en fait la plus grande consommation, supporte les inconvénients de la découverte, sans qu'elle ait pour lui aucune compensation.

C'est ici le cas de distinguer l'intérêt de la science et du progrès de celui du propriétaire. La science tend au progrès du bien-être général, le propriétaire ne pense souvent qu'à l'augmentation de son revenu. La science crut d'abord qu'au moyen de la plantation de la betterave les terres seraient mieux sarclées, plus profondément ouvertes, mieux cultivées en un mot, et que, livrées ensuite aux céréales, elles produiraient de plus belles récoltes. Elle pensa que de nombreux bestiaux, nourris par la plante, donneraient de nouveaux et de plus abondants engrais. Ainsi le meilleur assolement des céréales se combinait dans l'esprit des agronomes avec une plus grande production d'élèves. C'était là une théorie belle et séduisante, mais la pratique ne s'y est pas conformée. La science s'est aperçue, hélas! trop tard, que d'assolements il n'était pas question. Ce sont toujours les mêmes terres et les meilleures, autant que possible, qu'on charge sans cesse de betteraves. On attend que le sol épuisé refuse de donner le produit de prédilection pour y mettre d'autres semences. On ne s'occupe pas plus d'élèves que d'assolement, et c'est aux fermes voisines, aux anciennes méthodes de culture, au pays, en général, que la nouvelle industrie va demander les nombreux fumiers dont elle a constamment besoin. Ainsi, non contente d'être stérile elle-même, elle jette la stérilité sur tout ce qui l'entoure. Déjà M. le ministre des finances nous avait révélé, dans la discussion de la loi de 1837, que depuis l'introduction des fabriques de sucre indigène dans le nord de la France, l'importation des bestiaux étrangers s'y était accrue d'une manière notable. Cette révélation officielle dérangea bien mal à propos les calculs de ceux qui écrivaient, depuis quelques années, que les élèves de bestiaux se multipliaient à l'infini dans les départements du Nord.

Le commerce de Dunkerque, à son *tour*, signale les importations de bétail que la Hollande fait dans ce port (1). Comment en serait-il autrement lorsque la consommation de la viande augmente avec l'accroissement de la population; lorsqu'en même temps les grains propres à l'engrais deviennent plus chers, et que les prairies artificielles, livrées maintenant à la betterave, ne peuvent plus, comme autrefois, nourrir de nombreux troupeaux?

A peine cette première illusion d'un accroissement dans l'élève des bestiaux était-elle évanouie ; à peine avait-on acquis la certitude que leur nombre avait diminué dans le nord de la France, depuis l'introduction du sucre indigène, qu'aussitôt est venue une réalité plus triste encore.

Les céréales ont presque manqué un instant sur le marché de la capitale. Après les accusations ordinaires de malveillance et de spéculation contre ceux qui font le commerce des grains, la vraie cause de cette alarme n'a pas été difficile à découvrir. Le nord de la France manquait de blé pour lui-même et en demandait aux provinces voisines. La Picardie, occupée aussi de sucre indigène, avait produit moins de céréales qu'à l'ordi-

____

(1) Voir le Mémoire adressé aux Chambres par le commerce de Dunkerque.

naire, et trouvait plus avantageux de faire refluer vers le Nord son faible excédant, que de l'envoyer à la capitale. Ainsi, Paris s'est trouvé privé, pour son approvisionnement, des ressources de plusieurs départements que l'on a toujours considérés comme ses greniers d'abondance.

« Une chose plus étonnante, et qui contraste avec
» nos souvenirs, dit encore le commerce de Dunker-
» que, c'est que le département du Nord, d'ordinaire
» si riche en céréales, au lieu de pouvoir fournir aux
» départements moins productifs, comme aux précé-
» dentes années, se trouve dans la nécessité de trans-
» mettre des ordres d'achat dans la Vendée, dans la
» Guyenne et dans le Périgord, où les prix sont moins
» élevés! Et ce qui a lieu de surprendre bien da-
» vantage, c'est que des blés étrangers vont être diri-
» gés des entrepôts de Marseille sur Dunkerque! »

Ces blés viennent probablement des bords de la mer Noire ; ainsi c'est à la Russie que nous allons payer le prétendu tribut dont nous cherchons à nous affranchir envers nos colonies qui, au moins, étaient obligées de recevoir en paiement de leurs sucres nos produits agricoles et manufacturiers.

C'est sur les classes pauvres que l'industrie novatrice fera, avec le temps, plus particulièrement peser son influence. Ces classes, qui auraient besoin d'être soulagées par une bonne législation économique, paieront leurs denrées alimentaires d'autant plus cher que l'industrie du sucre indigène s'étendra davantage. Le petit fermier sera, comme les classes pauvres, victime de la nouvelle découverte. Car on lui louera les terres où il veut faire du blé à un prix aussi élevé que celles qui sont employées à la betterave ; autrement, son fermage lui sera retiré.

Cette perturbation agricole peut être, nous l'avouons, un profit pour le propriétaire qui domine dans notre législature; mais elle est désastreuse, surtout par ses conséquences dans l'avenir, pour le pauvre qu'on écrase; pour l'agriculteur qu'on détourne de sa route naturelle; pour la production, en général, qui n'est féconde qu'autant qu'elle est appropriée au sol et au climat.

Enfin le commerce maritime, trop long-temps insouciant sur le désastre qui le menaçait, élève aujourd'hui la voix : il demande de quel droit on vient le dépouiller du peu de travail que lui ont laissé nos lois de douanes, basées, en faveur de toutes les autres industries, sur la protection, le privilége et la prohibition.

Quatre cents navires et des milliers de matelots employés, soit à la navigation directe des colonies, soit à la pêche de la morue, sont désormais inutiles s'il n'y a plus de sucres à aller chercher dans les deux Indes, ou si ces sucres, arrivés en France, doivent supporter des frais et payer des droits qui absorbent leur valeur vénale.

Ces quatre cents navires, il faudra les laisser pourrir dans nos ports; ces nombreux matelots, les faire déserter à l'étranger. Car la navigation n'a pas, sous l'empire de nos lois économiques, de nouvelles voies à se frayer.

Il est bien facile aux privilégiés du sucre indigène qui repoussent toute concurrence, quand il s'agit de leur industrie, de conseiller au commerce maritime de lutter contre la concurrence étrangère, et de lui montrer en perspective tout le profit qu'il aurait à se jeter dans une nouvelle carrière. Mais qu'on le sache bien, il en est du remplacement d'une navigation par une autre, comme de la substitution du café à la canne à sucre. Irons-nous au Brésil, à la Havane, dans l'Amérique espagnole? Là encore, c'est le sucre qu'on nous offrira en échange de nos cargaisons françaises; les autres denrées ne seront qu'un accessoire. Ne pouvant acheter le sucre exotique, puisqu'il est frappé de droits qui équivalent à une prohibition; ne pouvant charger du tabac, puisqu'il est soumis au monopole, notre commerce, sans aliment pour ses frets de retour, est dans l'impossibilité de soutenir au-dehors la concurrence anglaise ou américaine.

L'établissement de relations commerciales entre les peuples est soumis à deux conditions essentielles; la première, c'est qu'il y ait possibilité d'échanges de leurs produits respectifs; la deuxième, c'est que ces échanges puissent être assez nombreux ou assez multipliés, pour que les relations commencées n'éprouvent jamais d'interruption. Un peuple s'habitue ainsi aux productions d'un autre, et éprouve le besoin de multiplier ses rapports avec lui. Si ces rapports ne sont

qu'accidentels, si les échanges ne sont que le fruit d'une
spéculation privée, et non le résultat d'un commerce
régulier et continu, bientôt les relations cessent, et les
affections et les goûts se portent ailleurs.

Vis-à-vis de tous les peuples où l'intervention de notre commerce maritime est nécessaire, ces deux conditions de succès lui manquent. Il est donc inutile qu'il
cherche à entrer en lutte ; il faut même qu'il se retire
devant des pavillons plus favorisés par leur législation.
Ainsi s'explique la diminution de notre navigation à
l'étranger, trop malheureusement attestée par les documents émanés de nos douanes.

Au lieu de remonter au principe du mal, et d'en
déduire les conséquences naturelles, on a voulu se
faire illusion, dans ces derniers temps, ou plutôt faire
illusion à la France sur sa décadence maritime. Alors
on a imprimé dans un journal qui reçoit les communications du gouvernement, que nos négociants n'étaient
que des pacotilleurs qui envoyaient de mauvaises marchandises à l'étranger ; que notre navigation était trop
chère ; que nos capitaines manquaient de résolution,
à côté de ceux de l'Amérique ou de la Grande-Bretagne ;
en un mot, tous les intérêts qui sont maltraités par la
loi, l'ont été encore plus par la presse quasi-offi-
cielle. Nous ne récriminerons pas contre de pareilles
accusations qui tombent d'elles-mêmes, lorsqu'on ap-
profondit notre système économique. Nous ne sau-
rions trop souvent le répéter : le commerce maritime
est dans une impasse d'où il ne peut sortir, et il

n'y a plus à se faire illusion sur son avenir, si les colonies succombent. Disons cependant, pour être complètement dans le vrai, que si les colonies meurent, rien ne pourra les ressusciter ; et c'est pour cela qu'il faut nous hâter de les sauver. La navigation, au contraire, pourrait plus tard, sous l'empire d'une législation nouvelle, reprendre un nouvel essor ; mais ce n'est qu'une hypothèse, qu'une espérance, et d'ici là combien de misère pour nos ports et d'humiliation pour la France !

Nous ne voyons pas les choses en pessimiste, mais au point de vue de l'expérience qui seule doit servir d'enseignement pour l'avenir. Ainsi l'agrandissement et. la prospérité du Hâvre ne nous ont jamais enthousiasmé sur l'extension présumée de notre commerce maritime, et sur ses prétendus bénéfices.

Le Hâvre voisin de la capitale, et situé sur le fleuve qui y mène, s'est élevé sur les ruines de tous les ports secondaires, a détrôné Bordeaux et fait oublier Nantes ; il a centralisé les opérations commerciales , comme la capitale elle-même a centralisé le mouvement politique. Le Hâvre est dans la prospérité, mais aux dépens de dix autres ports. Sa richesse n'est point nouvelle pour le pays, elle a seulement quitté d'autres parties de la France. L'étoile du Hâvre pâlira à son tour, le jour où le sucre colonial sera complètement chassé de France, et à ce premier revers, un autre plus tard pourra succéder.

Le moment n'est pas éloigné où une révolution doit

s'accomplir dans la fabrication des tissus. Si les machines à filer le lin, à peine en usage aujourd'hui, suivent la même loi de perfectionnement que celles à filer le coton, ne peut-on pas supposer que les tissus de lin ou de chanvre, qui ont été remplacés dans la consommation par l'industrie cotonnière, reprendront leur ancienne faveur ? Lorsqu'il y a moins d'un demi-siècle, la première *Jenny* (1) nous fut apportée, l'esprit le plus hardi n'aurait pas soupçonné l'influence que cette découverte allait avoir sur le mouvement commercial et industriel de l'Angleterre et de la France. Qui oserait prévoir aujourd'hui les changements qu'amèneront avec elles les machines à filer le lin ? cette matière est indigène ; notre sol peut en fournir d'immenses quantités avant que nos navires en aillent chercher au-dehors, et nos propriétaires sauront bien réclamer un droit protecteur contre les produits de l'étranger. Leur prétention serait alors plus fondée que pour le sucre de betteraves, puisqu'ils réclameraient en faveur d'un produit du sol, redemandant à la consommation l'ancienne place que le génie de la mécanique lui avait enlevée, et que le même génie lui aurait restituée.

Dieu veuille, pour le commerce maritime, que nos craintes soient mal fondées, et qu'à la veille de perdre le transport des sucres, il ne soit pas menacé de voir diminuer celui des cotons ! mais nous ne pouvons

(1) Machine à filer le coton.

nous empêcher de nous rappeler qu'il y a peu de jours encore, on ne croyait pas à l'envahissement de la betterave.

Dans le monde commercial, ou plutôt à côté de lui, il existe une école romantique tout aussi bien que dans le monde littéraire. Cette école ne va jamais au fond des choses; il lui serait trop pénible de creuser la matière; ses livres et ses feuilletons auraient en apparence trop d'aridité. Cette école ne parle que de bateaux à vapeur, de chemins de fer, de bassins, de *docks*, de banques centrales et locales, toutes choses excellentes sans doute, pourvu que l'on en fasse une sage et utile application. Mais s'agit-il de nos vieux intérêts, de nos intérêts de tous les jours, de ceux qui nous font vivre, elle dédaigne de s'en occuper.

Depuis bien long-temps le commerce réclamait contre le jaugeage de ses navires, opéré de telle sorte, qu'à tonnage égal, un navire américain payait beaucoup moins de droits qu'un navire français, et qu'en fait, il n'y avait, malgré les traités, ni égalité, ni réciprocité entre les deux navigations. Enfin, l'an dernier, M. le ministre du commerce a fait droit à cette réclamation, en ordonnant un nouveau jaugeage de nos navires. Eh bien! l'école qui écrit sur les communications commerciales des choses si pittoresques, avait-elle dit un seul mot de cette importante question, de cette question vitale pour notre navigation avec l'Amérique?

Si nous demandons à ces écrivains ce qu'avec le

crédit et des bateaux à vapeur nous irions chercher sous les tropiques, ils nous répondent : « la denrée à y cultiver est le problème à résoudre. » Ce n'est point de problèmes que vit le commerce, c'est de réalités. Il faut donc qu'il s'attache, qu'il se cramponne, sous peine de ruine, aux intérêts existants qui sont nés de la nature des choses et des besoins des peuples. Le sucre a toujours été, pour le commerce maritime, le plus sûr et le meilleur moyen d'échange; il faut qu'il le conserve : la justice est pour lui, l'intérêt de la France le veut.

De quel droit l'industrie de la navigation, qui est indigène comme celle du sucre de betteraves ; qui a pour elle l'ancienneté, les droits acquis, les services passés, serait-elle dépouillée au profit de sa jeune rivale ? Les bras qu'elle emploie pour construire ses navires, pour filer le chanvre, pour forger ses ancres et ses chaînes, tous les corps de métier qu'elle met en œuvre ne forment-ils pas une population aussi nombreuse que celle qui va à la mer? On parle des ouvriers qu'occupe la betterave ; mais que l'on compte les marins employés aux voyages des colonies, et leurs auxiliaires plus nombreux encore sur le littoral, et l'on verra de quel côté est l'avantage du nombre. Avant la betterave, on faisait du blé ; les producteurs n'ont donc fait que changer de culture. Mais à quel travail destinez-vous ces milliers d'hommes qui forment sur nos côtes la réserve de la France maritime ? Bientôt nous vous demanderons ce que vous comptez faire de ces légions de marins que le commerce exerce tous les jours pour le service de l'État.

Plus on réfléchit aux avantages que le sucre de cannes donne à la métropole, plus on les trouve considérables. S'il est produit à meilleur marché que le sucre de betteraves, ne paie-t-il pas à la marine en transport et en frais de tout genre cette différence de prix?

Cent kilogrammes de sucre, expédiés des Antilles au Hâvre, laissent à la navigation et au commerce au moins 3o fr. pour le fret et les frais de tout genre qu'ils supportent jusqu'au jour de leur vente. Cent millions de kilogrammes de sucre, venus des colonies, laissent donc à la France un bénéfice net de trente millions, versé tout entier entre les mains de la population maritime.

Ce n'est point des profits de la *spéculation* que nous parlons ici ; nous ne faisons que calculer la main-d'œuvre et les frais payés par les colonies à la métropole, pour le transport et la vente de leurs sucres.

C'est ce salaire de trente millions, donné à une classe malheureuse, qu'on veut aujourd'hui lui arracher. Cependant, à l'horizon, elle ne voit point de terre à qui elle puisse demander sa nourriture; et ceux qui veulent lui enlever ses moyens d'existence ont de bons et fertiles domaines dont ils sont encore avides d'accroître le revenu !

Ces légions de marins que vous voulez licencier,

comment les retrouverez-vous au jour de la guerre
maritime? Ce jour-là vous ferez un appel aux ports,
vous donnerez l'ordre d'y recruter; mais vos ports
seront déserts. Vous aurez un nombreux état-major
plein de science, de jeunesse et de courage, mais point
d'équipage à lui donner. Malgré nos vaisseaux, nous
serons bloqués dans nos ports, ou si nous tentons le
combat, il nous sera fatal. Ce n'est qu'avec beaucoup
de temps qu'on forme de bons marins et de nombreux
équipages. La marine marchande n'est pas autre chose
que la marine militaire, puisqu'elle est en partie sou-
mise à ses lois et à sa discipline : seulement, en temps
de paix, elle obtient un congé; en temps de guerre,
elle rentre sous les drapeaux.

Prenez-y garde, hommes d'état; il ne s'agit pas
seulement ici d'un conflit entre le sucre indigène et le
sucre de betterave, d'une guerre entre les douceurs,
comme l'ont prétendu quelques hommes superficiels
et moqueurs qui, pour le plaisir de dire un bon mot,
traiteraient légèrement les questions les plus graves; il
n'y va pas seulement du sort des colons et du commerce français, il y va de l'honneur national. Il se
trouve lié d'une manière si intime aux intérêts de
la navigation, que l'une ne peut périr sans que l'autre ne soit compromis. Le mal est sous vos yeux,
et cependant vous ne le voyez pas! Parce que notre
navigation n'est pas encore interrompue, parce que
les colonies lui ont donné jusqu'à ce jour leur dernière
substance, vous la croyez pleine de vie, et pour élargir

ses ports, vous allez, dit-on, demander 40 millions aux chambres! Croyez-le; notre navigation est, comme nos possessions d'outre-mer, à l'agonie; et, lorsqu'elle sera morte, vous n'aurez pas été seulement imprévoyants pour vous-mêmes, vous l'aurez été surtout pour l'avenir de la France, qui, dans notre profonde conviction, a encore plus besoin des éléments d'une marine forte et puissante que d'une armée nombreuse.

Si vous consentez à la destruction de la marine marchande, doublez alors la marine militaire. Envoyez sur toutes les mers des conscrits que vous formerez au rude métier de marin, et encore vous échapperont-ils lorsque vous les aurez formés; car vous ne pourrez, pendant toute leur vie, les enchaîner sur vos vaisseaux. Tel est le sort, cependant, de nos marins du commerce. Toujours sous la main de l'État, au premier signal ils doivent lui obéir. Ainsi, avec des dépenses énormes, vous ne réussirez pas encore. Essayez, cependant, et mettez-vous à l'œuvre; dussiez-vous faire les plus grands sacrifices, il faut avant tout songer à l'honneur de la France. La navigation anglaise s'accroît, celle de l'Amérique s'étend tous les jours, la Russie est préoccupée du développement de sa marine; c'est sur mer que tous les grands intérêts européens videront désormais leur querelle; la France ne peut déserter le combat.

L'Angleterre, après nos luttes de géant, a fini par remporter la victoire. A qui la doit-elle, si ce n'est à sa marine, qui partout jetait des armées et soulevait les peuples? Sans la marine anglaise, eussions-nous trouvé si vite une armée ennemie campée sur le champ de Waterloo?

Ce qu'a fait l'Angleterre, c'est à la France de se tenir prête à le faire en toute occasion. Loin de nous la guerre, cependant; le commerce ne vit que de paix et de liberté. Cette liberté, nous la réclamons pour notre navigation; car aujourd'hui elle l'a perdue par l'effet du privilége accordé au sucre de betteraves.

Parmi tous les grands intérêts que nous venons de passer en revue, nous n'avons pas compté celui du trésor; la perte qu'il est menacé d'éprouver est un fait trop saillant pour qu'il ait besoin de démonstration.

Pour ne rien perdre, le trésor n'a voulu consentir à aucun dégrèvement sur les sucres coloniaux; faute d'avoir su faire un sacrifice à propos, il est à peu près sûr de tout perdre.

Qu'on pèse maintenant les avantages et les inconvénients des deux industries rivales.

L'une ruine nos colonies, notre commerce d'exportation, notre marine marchande et militaire, nos ports, notre trésor; l'autre ajoute au revenu de quelques propriétaires, et nous fait payer plus cher les denrées de première nécessité!

INEFFICACITÉ DES MESURES ANNONCÉES PAR LE GOUVERNEMENT.

On pourrait croire qu'en présence de tous les maux dont nous n'avons fait qu'un exposé bien incomplet, le gouvernement se serait ému et qu'il aurait pris l'initiative de quelque grande mesure propre à sauver les intérêts menacés. Non, il est resté immobile ; il a assisté les bras croisés au désastre de nos colonies et de notre navigation. Il a fallu que de tous les ports, des délégués arrivassent dans la capitale, et missent en quelque sorte le ministère en état de blocus, pour l'obliger à s'occuper de questions qui intéressent le pays à un si haut degré.

Il a fallu que le gouvernement fût ainsi poussé dans ses derniers retranchements, pour se décider enfin à dire dans le discours de la couronne : « *Dès le début de la session il sera présenté aux chambres des dispositions relatives à la situation de nos colonies, et aux besoins de notre navigation.* »

Ces dispositions se bornent, dit-on, à un dégrèvement de 15 fr. par cent kilogrammes, sur les sucres coloniaux, soit 16 fr. 5o c., avec le décime.

Les sucres bruts des Antilles françaises paient actuellement 49 fr. 5o c. par cent kilog., soit 35o pour cent de plus que les sucres bruts indigènes, qui ne paient encore que 11 fr. !

Ces mêmes sucres des Antilles, si le dégrèvement

de 16 fr. 5o c. est adopté par les chambres, paieront encore 33 fr., soit 200 pour cent de plus que leurs similaires indigènes n'acquittent aujourd'hui, et 100 pour cent de plus que ces indigènes n'acquitteront au 1er juillet 1839 !

Les sucres *bruts blancs* des Antilles françaises paient actuellement 66 fr. par cent kilog., soit 44o pour cent de plus que les sucres bruts blancs indigènes qui, pour une nuance au moins égale, ne paient encore que 12 fr. 21 c. par cent kilog. !

Ces mêmes sucres des Antilles, si le dégrèvement est adopté, paieront encore 44 fr., soit 200 pour cent de plus que leurs similaires indigènes n'acquittent aujourd'hui, et 140 pour cent de plus qu'ils n'acquitteront au 1er juillet 1839 !

Ces chiffres sont éloquents et accusent le privilége plus haut que tout raisonnement. Il n'y a pas un seul produit français (hors les cas de prohibition) qui soit protégé par un droit de 44o pour cent, et même seulement de 25o pour cent, contre un rival étranger. Comment une pareille inégalité peut-elle être admise contre un produit rival français ?

Ces chiffres doivent dessiller les yeux des hommes qui, sans intérêt dans la question, sont disposés en faveur du sucre indigène, faute de s'être rendu un compte exact de l'énorme privilége dont il jouit. Ce privilége dépasse encore nos calculs, car nous admettons que le fabricant indigène paie un impôt réel sur chaque kilogramme de sucre qu'il produit, et cependant le règlement d'administration publique a fait une si large part pour le rendement, et pour les moyens de vérifier ce rendement, qu'en réalité il y a une énorme différence entre l'impôt légal et l'impôt réel.

On croirait peut-être que l'industrie de la betterave va se rallier au projet de dégrèvement qui maintient en sa faveur une protection si exorbitante.

Eh bien, non ! cette industrie réclame encore ; elle s'oppose au dégrèvement : à notre avis, elle a raison, si l'on veut admettre qu'elle ait droit à un privilége : le privilége, qui est une chose arbitraire, n'a point de limites.

Mais comme le principe d'égalité est le seul admissible pour deux produits également français, nous devons trouver que la proposition ministérielle a indignement méconnu ce principe, et dans notre opinion, il n'y a rien à espérer pour les colonies du simulacre de réparation qu'elle semble leur accorder.

Le sucre brut des Antilles, le plus favorisé par le projet de loi, est celui qui ne paiera que 100 pour cent de plus que le similaire indigène, lorsque celui-ci sera assujetti à un impôt qu'il n'acquitte pas encore.

Ce sucre des Antilles paiera 33 fr. par 100 kilog., soit 16 fr. 50 c. par 100 demi-kilog., avec le décime.

L'ensemble des sucres bruts qui arrivent des Antilles sur la place du Hàvre, ressort à peine en une qualité dite quatrième ordinaire, et cette qualité s'obtient aujourd'hui, ou plutôt est délaissée à 50 fr. par cent demi-kilogrammes.

Admettons que le dégrèvement de 16 fr. 5o. c. ait lieu, c'est tout au plus si la moitié tournera au profit descolons. L'expérience a constamment démontré que lorsqu'un dégrèvement est opéré, la moitié au moins profite au consommateur. Dans l'hypothèse la plus favorable aux colons, les sucres bruts tomberont à 46 francs dans les ports de mer, après l'adoption du projet de loi.

Maintenant voici le compte du colon :

Droits sur 100 demi-kilogrammes.	16 fr.	5o c.
Fret et frais accessoires jusqu'à la livraison (minimum).	15	
Produit pour le colon.	14	5o
Total.	46	oo

Vous voulez donc que le colon produise pour 14 c. $\frac{1}{2}$ un demi-kilog. de sucre, et vous demandez, par une loi de dégrèvement, qu'il paie plus de 100 pour cent sur la valeur de ce demi-kilog. Ainsi lorsque le colon produira deux livres de sucre, il en aura plus de moitié à donner au fisc, sans savoir comment il vendra le reste.

Nos calculs ne sont basés que sur le sucre brut qui est le plus favorisé. Que serait-ce si nous en faisions l'application au sucre *brut blanc*, qui devra encore payer 22 fr. par cent demi-kilog., soit 22 c. par demi-kilog.? Pour celui - là, la sévérité s'accroît d'autant plus, qu'il est dû à un léger perfectionnement. Ainsi, pour les colonies le perfectionnement est un fruit défendu !

Sans doute le colon pourrait produire pour 14 c. une livre de sucre, s'il avait des capitaux, ou seulement du crédit pour acheter et mettre en usage les nouveaux procédés de fabrication ; si la législation économique de la France lui offrait quelques chances de durée et de bénéfice ; si enfin le colon avait devant lui de l'avenir et de la sécurité.

Mais au milieu de la misère, du découragement et de l'incertitude que la France jette à pleines mains sur ses colonies, un progrès immense et immédiat dans la fabrication est impossible. Il faut donc prendre les choses telles qu'elles sont, telles que nous les avons faites, et non telles qu'elles pourraient être sans notre injuste oppression.

En se plaçant à ce point de vue, qui est le seul raisonnable et possible, il suffit de savoir que la production d'une livre de sucre coûte plus de 14 c. Tous les colons réclament aujourd'hui au moins 25 c. pour couvrir leurs frais. Dès-lors, pourquoi proposer une loi qui ne repose sur aucun calcul solide, qui n'encouragera pas la culture coloniale, puisqu'elle continuera de la rendre impossible, en lui enlevant jusqu'à l'espoir ? Car jusqu'à ce jour elle a pu se flatter que l'heure de la justice arriverait, et que de l'excès même de ses maux sortirait quelque bien. La nouvelle loi aurait tout au plus pour effet d'atténuer un peu les pertes des planteurs ou des négociants sur les sucres qui languissent aujourd'hui dans les entrepôts, et qu'il faudra bien en faire sortir à tout prix.

Où aboutira donc, en définitive, cette loi solennellement promise par le discours du trône, cette loi qui devait pourvoir aux intérêts de nos colonies et de notre navigation? A une indemnité de quelques cent mille francs une fois payés à des colons ou à des commerçants qui ont, sous la clé de la douane, une denrée dont ils ne savent que faire, et sur laquelle le trésor, devenu compâtissant, voudra bien ne plus percevoir qu'un droit d'environ 110 pour 100! Est-ce pour obtenir un pareil résultat, pour être témoins d'une loi dérisoire, que toutes les chambres de commerce se sont levées en masse, et sont venues dans la capitale déposer de leur sollicitude pour les grands intérêts qu'elles représentent, et qui sont dédaignés encore au moment même où l'on affecte de leur prêter attention?

Quel spectacle le gouvernement et les chambres vont-ils donner au pays qui devrait avoir foi en leurs lumières, si toujours ils s'égarent dans la voie des intérêts matériels!

Depuis plusieurs années, une crise pour les colonies et la navigation était prévue par les hommes qui observaient le développement du sucre de betterave. Le gouvernement ne fit rien pour l'empêcher ou l'atténuer. Bientôt elle éclata, et ce ne fut qu'après beaucoup de mal accompli qu'un ministre, M. Duchâtel, eut au moins le mérite de vouloir y porter remède. Il proposa un dégrèvement sur les sucres coloniaux et la suppression des distinctions de nuance , qui sont pour la fabrication un obstacle à tout progrès. Le ministre fut changé, mais son projet de loi subsista. Il était incomplet, à notre avis, parce qu'au lieu de proclamer le principe d'égalité, il donnait une sanction tacite au privilége du sucre indigène. Selon nous, il fallait en même temps le dégrèvement d'un côté, et l'impôt de l'autre. Dans la discussion de la loi, le successeur de M. Duchâtel déserta le dégrèvement et soutint l'impôt sans s'attacher au principe d'égalité. Ce fut de sa part une première faute que les chambres aggravèrent au-delà de toute mesure, en votant un impôt minime et même illusoire, à cause de l'époque à laquelle sa perception était reculée. Le dégrèvement fut repoussé, quoiqu'alors la ruine des colonies et de la navigation fût déjà évidente pour tous les yeux. Il n'y a pas plus d'un an que la discussion a eu lieu, que la loi a été votée, et le ministre lui-même qui l'a appuyée est obligé de venir confesser qu'elle est incomplète, inefficace, incapable de produire le bien, puisque déjà il en propose une autre! La nouvelle proposition, si les chambres l'adoptent, aura un résultat aussi déplorable que la loi actuelle, et sans doute un troisième projet sera présenté à la session prochaine, à moins que d'ici là les colonies n'aient rendu le dernier soupir. Chambres et ministère, étrangers en apparence à ce qui se passe au-dehors, ou dominés par des intérêts exclusifs, vivent au jour le jour en fait d'économie politique: Comme nos commerçants en détail, ils ne s'inquiètent guère du prix du lendemain ; c'est le prix du jour ou de la veille qui leur sert de boussole.

La chambre, en 1837, tuait les colonies par sa loi des sucres. Dans une session antérieure, par une double concession pour les deux chemins de fer de Versailles, elle avait tué du même coup les deux entreprises, lorsque sous ses yeux, à la porte même de son palais, elle avait les tristes effets de la concurrence des deux entrepôts! C'est ainsi qu'elle préluda à la discussion de 1838 pour les grandes lignes des chemins de fer. Vint à elle une compagnie composée des hommes les plus éminents par leur position sociale, une compagnie d'hommes d'état, en un mot; ceux-là, nécessairement, ne devaient rien ignorer. En huit jours, ils avaient improvisé et jugé une affaire à l'étude de laquelle d'autres hommes, qui n'auraient été ni pairs, ni députés, ni ministres, auraient eu besoin de consacrer au moins une année entière! La compagnie n'avait pas fait elle-même le plus petit devis; elle ne pouvait savoir en conscience si elle dépenserait 100 ou 200 millions, si ses actionnaires auraient du bénéfice ou s'ils seraient ruinés. Mais à quoi bon ces détails, ces scrupules, vis-à-vis d'une compagnie dont les membres inspirent d'ordinaire tant de confiance aux chambres, et qui entendent à merveille les grandes questions d'économie politique.

Chacun sait où en est la grande compagnie, et quel tribut de reconnaissance est dû aux chambres qui ont compromis en France l'avenir de l'association, comme l'année précédente elles avaient compromis celui de notre commerce maritime et de notre marine militaire.

EXPÉDIENT PROPOSÉ PAR LA SUCRERIE INDIGÈNE.

Que l'on tolère un abus, et mille autres naîtront; qu'une première faute soit faite et qu'on y persévère, d'autres plus graves encore en seront la conséquence. On a toléré le privilége de la betterave, on a permis qu'elle ruinât d'autres industries, et qu'elle fît une large brèche aux ressources du trésor; elle en a conclu que le trésor était entré dans le domaine de ses spéculations : et, parce qu'elle l'a privé d'une partie de son revenu, elle croit avoir le droit de lui demander un capital. Ce capital, il faut que le trésor l'emploie à créer des primes en sa faveur. Ne ressemble-t-elle pas à ces fils de famille, qui, après avoir engagé les revenus de l'année et mis leur père dans la gêne, arrivent à vouloir qu'il aliène son patrimoine ?

Dans ce monde, le fond des choses est toujours à peu près le même, mais l'art consiste à leur donner de nouvelles formes. Pour ces formes nouvelles, on crée des mots nouveaux. C'est cet art de rajeunir et de mettre à la mode des choses usées par le temps, repoussées par le goût public, qu'a parfaitement compris l'industrie de la betterave, qui est jeune, et sait combien nous plaît tout ce qui a un air de nouveauté.

Elle s'est donc bien gardée, en réclamant des primes, de prononcer ce mot. Le mot seul eût fait reculer les chambres. Elle a changé le mot et donné à la chose, qui est toujours la même, une forme toute nouvelle ; elle ne demande qu'*un abaissement de rendement du sucre brut au raffinage*. En vérité, il faut être initié aux secrets de la fabrication pour découvrir la prime si décrépite sous cette nouvelle forme industrielle, et à travers ce néologisme qui a un vernis de science économique.

Tout le monde sait que le *drawback* n'est que la restitution à la sortie du droit perçu à l'entrée, et qu'il y a *prime*, lorsque la somme payée excède le droit reçu.

Le sucre colonial ou exotique qui acquitte un droit à son entrée en France obtient la restitution de ce droit lorsqu'il est expédié à l'étranger, après l'opération du *raffinage*. Mais quelle perte sur le poids lui a fait subir le raffinage ? voilà la question.

Le déficit causé par l'opération du raffinage est, au plus, de 20 pour 100, et le gouvernement, pour donner quelque latitude à l'exportation, a fixé ce déficit à 25 pour 100. En d'autres termes, 75 demi-kilogrammes de sucre raffiné forment le *rendement* légal de 100 kilogrammes de sucre brut et touchent, lorsqu'ils sont exportés, le droit perçu à l'entrée. En prenant cette base, on est assez près de la vérité pour que la perte du trésor soit peu sensible s'il éprouve encore quelque perte lors de l'exportation. Le principe du *drawback* est à peu près respecté.

Que demande aujourd'hui l'industrie de la betterave ? Qu'il y ait *abaissement de 15 ou 20 pour 100 dans le rendement,* c'est-à-dire que le *rendement* légal, au lieu d'être vrai, soit faux, et qu'il constitue au profit des sucres exportés une prime de 15 ou 20 pour 100. Elle espère qu'au moyen de ces primes le sucre colonial pourra être exporté après raffinage, et qu'ainsi elle approvisionnera seule la consommation française. Dans cette combinaison, elle a un double profit ; l'éloignement de ses concurrents et l'accroissement de ses consommateurs.

Un pareil système trouvera appui et bienveillance auprès de quelques raffineurs de la capitale qui n'ont pas oublié le mérite des primes, et auxquels de nouvelles largesses du trésor procureraient la facilité de développer leur travail. Accordez des primes à la betterave, ou bien exemptez-la d'un impôt que paie l'industrie rivale, et alors vous donnerez du *développement* à l'agriculture, selon les vœux qu'exprime le projet d'adresse de la chambre des députés, et qui ne font que trop pressentir l'issue funeste de la cause que nous défendons.

Donnez des primes aux raffineurs, et alors aussi vous donnerez du *développement* à l'industrie du raffinage. Avec les primes, il n'est pas une industrie, si mauvaise qu'elle soit, qui ne se développe merveilleusement. Pour les industries en serre chaude, la prime est le meilleur des calorifères ; elle n'a d'inconvénient que pour ceux qui sont obligés d'entretenir et de payer cette chaleur artificielle. C'est alors que les besoins du trésor et les contributions qui l'alimentent prennent aussi un nouveau *développement*.

Voilà la considération que les contribuables, qui n'ont pas de gros domaines où pousse la betterave, pourraient faire valoir auprès de messieurs de l'adresse qui sont appelés à *voter*, non pas seulement l'impôt territorial, mais toute espèce d'impôt.

N'avions-nous pas raison de dire qu'une première faute entraîne nécessairement vers une autre?

Le privilége accordé au sucre de betteraves est à la veille de faire perdre au trésor une recette annuelle de plus de 3o millions, recette qui, sans ce privilége, se fût considérablement accrue. Et maintenant qu'on a laissé prendre racine à ce privilége ruineux, il faut un nouveau terrain pour qu'il étende ses rameaux ; il faut de nouveaux sacrifices pour l'alimenter.

La betterave n'est donc pas seulement pour le pays une plante parasite qui ne lui apporte aucune nouvelle richesse, qui vit aux dépens d'anciennes industries ; c'est encore une gangrène qui cherche à gagner toute l'organisation financière.

Mais, dira-t-on, pourquoi les défenseurs de la culture coloniale et de la navigation française prennent-ils si chaudement le parti des intérêts du trésor? Il appar tient à d'autres de soutenir ces intérêts; il doit leur suffire de trouver le placement de leurs produits, et un fret pour leurs navires; que les sucres coloniaux soient vendus en France ou à l'étranger, peu importe pourvu qu'ils soient vendus. Ce double transport pourra être un profit de plus pour la navigation; les colonies et le commerce maritime devraient donc s'entendre avec l'industrie de la betterave et avec les raffineurs pour réclamer des primes. Des primes! voilà une proie qui doit mettre d'accord tous les intérêts : non, les colonies et la navigation les repoussent, et voici leurs motifs.

Trop long-temps on a cru que les colonies ne se soutenaient qu'au moyen du privilége colonial, privilége qui n'avait été créé que dans l'intérêt de la France. Ce préjugé leur a été nuisible dans l'opinion; il a été cause d'injustices trop multipliées pour qu'elles consentent à accepter, comme condition d'existence, un privilége payé par le trésor, une spoliation publique. Si elles étaient assez malheureuses pour qu'on leur imposât une pareille condition, autant vaudrait pour elles un arrêt de mort. Car bientôt le préjudice fait au trésor éclaterait à tous les yeux; la cause en serait rejetée sur les colonies, et leurs adversaires en feraient contre elles un nouveau chef d'accusation. Un abus aussi scandaleux de la fortune publique serait dénoncé à l'opinion, signalé aux chambres, bientôt supprimé; et lorsque les sucres coloniaux, privés de primes et de débouchés à l'étranger, viendraient affluer sur les marchés de France, ils trouveraient place occupée par l'industrie de la betterave. Elle aurait pris, à l'aide des tarifs protecteurs, son entier développement. L'expédient imaginé par quelques fabricants de sucre indigène n'est donc qu'un piége tendu à leurs rivaux; ils ont pu croire que la misère les y ferait tomber, mais la misère leur a aussi donné de l'expérience. Elle leur a appris à se défier de toute combinaison qui ne repose point sur l'intérêt général. Il faut croire que cette considération n'a pas vivement frappé M. le ministre du commerce, puisqu'il a bien voulu nommer une commission composée d'hommes éminents pour l'examen d'une mesure qui n'a d'autre base que l'intérêt privé.

Ce fait révèle toute la faveur dont jouit l'industrie novatrice. Cherche-t-elle à renouveler un système destructeur de la fortune publique, frappé de réprobation par les chambres à une autre époque, on hésite pour savoir si ce système ne leur sera pas de nouveau présenté. Mais l'industrie coloniale encombrée de produits qu'elle ne sait où écouler, demande-t-elle seulement la liberté d'en exporter une légère partie à l'étranger, aussitôt l'on trouve que ce serait porter atteinte au trésor que de lui soustraire la possibilité d'une recette.

On cite l'exemple de l'Angleterre, où le rendement exigé pour l'exportation est moins élevé qu'en France. Mais tout le monde sait que l'Angleterre, qui a long-temps donné des primes à diverses industries, s'est aperçue de son erreur, et les retire aujourd'hui. Au mois d'octobre dernier le chiffre du rendement a été élevé en Angleterre, et il est probable qu'il ne tardera pas à être au niveau de celui que nous avons adopté.

Comment se fait-il que ceux qui répudient l'exemple de l'Angleterre, lorsqu'il s'agit de l'égalité d'impôt, aillent invoquer cet exemple, lorsque par hasard l'Angleterre a commis une faute économique, et qu'elle est déjà en voie de la réparer?

Les motifs qui dirigent l'Angleterre ont d'ailleurs un but tout-à-fait opposé à celui qui anime nos fabricants de sucre de betteraves. Ceux-ci veulent s'emparer du marché national, et envoyer à l'étranger les sucres coloniaux, tandis que l'Angleterre, en favorisant l'exportation, a la certitude que toute sa consommation intérieure n'en sera pas moins réservée à la culture coloniale. A l'aide des droits que l'Angleterre perçoit sur les sucres coloniaux, et qui s'élèvent jusqu'à 120 millions de francs, elle peut bien payer quelques primes à l'exportation, et donner ainsi un double aliment à sa marine, un double débouché à ses colonies.

En France, où le sucre indigène n'acquitte encore qu'un impôt illusoire, et où l'on interdit par des droits élevés l'introduction des sucres coloniaux, où ira-t-on chercher l'argent destiné aux primes?

Une industrie qui propose un pareil expédient découvre elle-même la plaie qu'elle a faite aux finances du pays, et nous montre combien l'Angleterre a été sage de ne point sacrifier ses manufactures, son trésor et sa navigation, à une culture qui à l'intérieur veut se soustraire à l'impôt, et au dehors demande des primes.

Si l'on nous fait valoir l'intérêt de la raffinerie, nous demanderons que l'on inscrive au livre des pensions de l'état les raffineurs et leurs ouvriers ; le trésor en sera quitte à meilleur marché que s'il donne des primes d'exportation.

NÉCESSITÉ DE L'ÉGALITÉ D'IMPÔT SUR TOUS LES SUCRES FRANÇAIS.

Si nous n'étions préoccupé que des intérêts des colonies, nous demanderions pour elles ce qu'elles ont réclamé il y a déjà long-temps : *la liberté commerciale*. Pour elles, ce serait un moyen certain de salut et de prospérité. Affranchies de notre monopole, les colonies trouveraient dans leurs relations avec les États-Unis un double profit. Elles y achèteraient moins cher qu'en France les produits agricoles nécessaires à leur consommation, et leurs sucres y trouveraient un débouché facile et avantageux. Des Antilles aux États-Unis, il y a moins loin qu'en France ; la navigation serait donc, pour elles, plus courte et moins dispendieuse.

Les objets manufacturés et surtout les instruments et les machines propres à l'exploitation des sucreries seraient fournis à nos colonies par l'Angleterre et l'Allemagne ; ils seraient meilleurs et moins chers qu'en France.

4.

Les sucres coloniaux auraient, assurément, en Allemagne, un bon placement, puisque c'est là que nous sommes forcés maintenant de les exporter.

Nos colonies n'ont donc besoin, pour retrouver la vie, ni de privilége, ni de protection, mais de liberté. Le commerce et la navigation de la métropole auraient-ils, dans cette liberté, les mêmes avantages ? Le débouché que les colonies offrent à nos manufactures, le fret qu'elles assurent à nos navires, serions-nous sûrs de les trouver ailleurs ? C'est là un résultat au moins douteux pour la France, qui, ayant adopté, depuis long-temps, le système protecteur pour base de sa législation, se trouverait probablement prise au dépourvu, si tout-à-coup la liberté lui était offerte. Mais nous n'avons pas besoin de débattre aujourd'hui cette question avec les partisans de la liberté commerciale et de l'abolition du privilége colonial. Ils savent comme nous que, si ce privilége était brisé aujourd'hui, ce ne serait pas en vue de la liberté du commerce d'échange, mais au profit de l'industrie de la betterave, qui ne demanderait pas mieux que d'affranchir nos colonies pour se réserver ensuite le monopole exclusif du marché français. Encore peu de jours, et elle le possédera. Une fois en possession, elle ne manquera pas de s'assimiler aux autres industries en faveur desquelles existe une prohibition complète contre les produits étrangers. A l'appui de ses prétentions, elle n'aura qu'à invoquer la protection dont jouissent ses sœurs aînées, et qu'on ne pourrait, sans injustice, reluser à elle, plus jeune, et nécessairement plus digne encore d'intérêt. Placée sur ce terrain où elle rencontrerait pour auxiliaires de nombreux et immenses intérêts qui sont à ménager, elle ne manquerait pas d'y rester maîtresse et de pousser encore plus avant le pays dans la voie de prohibition où il est engagé.

Déjà l'industrie de la betterave a soin d'appeler sucre *étranger* le sucre des colonies françaises. En même temps, elle se qualifie d'*indigène*, pour faire mieux ressortir le prétendu mérite de son origine, et appeler la protection de nos tarifs. Elle n'a pas même eu la patience d'attendre la mort des colonies pour afficher ses prétentions. En mainte occasion, elle a proclamé qu'elle avait droit aux mêmes avantages que les industries agricoles ou manufacturières, les plus favorisées par la législation. Le monopole du marché français est évidemment le but auquel tend l'industrie de la betterave, et qu'elle est prête à atteindre. C'est pour empêcher un pareil résultat que les partisans du privilége colonial, comme ceux de la liberté commerciale, doivent faire cause commune. L'avantage des colonies à briser le contrat qui les unit à la France est évident ; mais il y aurait perte pour la France à renoncer à ce contrat, si elle n'est pas prête à entrer immédiatement dans les voies de la liberté commerciale. Avec le système actuel de protection contre les produits étrangers, l'émancipation des colonies serait le dernier coup porté à notre commerce d'exportation qui, tout faible qu'il soit, est au moins un germe pour l'avenir et pour des temps meilleurs où l'on comprendra qu'il faut laisser cultiver à chaque pays ce qu'il peut cultiver le mieux et à meilleur marché.

Le privilège colonial n'étant maintenu qu'au profit de la métropole, et les colons étant contraints, malgré leur intérêt, d'amener leur sucre sur les marchés de France, comment pourrait-on le considérer autrement que comme sucre français? Cultivé par des mains françaises, sur un sol appartenant à la France, avec des outils sortis de nos ateliers, pourquoi le sucre des Antilles ou de Bourbon serait-il moins français que celui d'Hazebruck ou de Bastia? Que demain la Corse, aujourd'hui si peu cultivée, s'adonne à la culture de la betterave ou de la canne à sucre, et qu'elle apporte ses produits à Marseille ou au Hâvre, viendra-t-on dire que ces produits ne sont pas indigènes? fera-t-on une distinction entre les sucres du département de la Corse et ceux des départements qui appartiennent au continent? Non sans doute, car les huiles qui nous viennent de la Corse, comme tous ses autres produits, sont traités sur le pied d'une parfaite égalité avec les produits français, et cette égalité n'a jamais été mise en doute par les départements du midi qui ont des produits similaires.

Pour que les produits des colonies ne fussent pas français, il faudrait que les colons ne le fussent pas eux-mêmes. Il est vrai que certaines gens insinuent cette idée, quand ils ne la proclament pas hautement.

Si dans la grande famille française, composée d'éléments divers, nous établissons des catégories d'origine et de pays, jusqu'où irons-nous en arrière? jusqu'où pousserons-nous cette distinction dans les hommes et dans les choses? les habitants de Strasbourg, de Mulhausen ou d'Avignon seront-ils de pure origine française? Les Corses assurément n'ont pas cette origine.

Comment se fait-il donc que les Français des colonies aient tant de peine à obtenir justice, et que le principe d'égalité proclamé par nos lois soit resté stérile pour eux? Ou les produits de nos colonies sont étrangers, et alors qu'on leur applique le droit qui frappe le sucre exotique; ou bien ils sont français, et ils doivent jouir des mêmes avantages que le sucre produit par les départements du continent.

Telle était l'opinion que nous soutenions en 1837 et les événements n'ont pu que la confirmer.

Nous disions alors :

« Hors du principe d'égalité, on est dans le privi-
» lége, et où nous a menés cet état de choses depuis
» quelques années en ce qui concerne les sucres? à
» des perturbations continuelles dans les fortunes et
» dans les industries, à la nécessité toujours inces-
» sante de changer les tarifs, et de faire de nouvelles
» lois qui, à peine promulguées, sont reconnues in-
» suffisantes.

» L'industrie de la betterave a des avantages de
» position dont ne pourra jamais jouir le sucre de
» canne ; elle n'a à supporter ni les frais d'une navi-
» gation lointaine , ni les déchets et les avaries qui

» en résultent , ni les commissions et les frais de tout
» genre que le sucre de canne paie au commerce des
» ports , et pour les ventes à effectuer, et pour les
» achats à faire en retour.

» Qu'avec tous ces avantages réunis, l'industrie du
» sucre de betteraves l'emporte sur sa rivale, si telle
» est sa destinée ; elle a fait assez de progrès pour
» qu'on puisse en espérer de plus grands encore.
» Mais , au nom de tous les intérêts engagés dans le
» commerce colonial , au nom des contribuables qui
» ne veulent point, sans doute , être grevés de nou-
» velles taxes, pour tripler le revenu de quelques
» propriétaires d'un sol riche et fertile , *nous de-*
» *mandons la réduction des droits sur les sucres*
» *coloniaux et étrangers, et l'imposition du sucre*
» *de betteraves sur le pied d'une parfaite égalité*. »
Avant la discussion de 1837, nous posions ce principe d'égalité que les organes légaux du commerce
·n'avaient point encore défendu , et auquel ils ont senti
depuis la nécessité de se rallier, parce que lui seul est
fondé sur l'équité et peut servir de base à une législation durable.

L'application de ce principe eût été moins onéreuse
au trésor il y a un an qu'aujourd'hui. Le dégrèvement
de 20 francs, proposé par M. Duchâtel , eût peut-être
été suffisant , au moyen d'un impôt égal mis sur le
sucre de betteraves. Mais, depuis une année, l'industrie privilégiée a pris de nouveaux et immenses déve-
loppements. La production réunie de tous les su-

cres français excède déjà la consommation, et c'est cet excédant qui se perd sur le rivage de nos colonies. Il n'y a donc plus qu'un seul parti à prendre maintenant : c'est d'élargir de nouveau le cercle de la consommation qui est loin d'être arrivée à ses limites. Chacun sait que, de tous les pays de l'Europe, c'est la France qui consomme encore le moins de sucre, parce que les droits y sont plus élevés que chez la plupart des autres peuples. Il faut donc que, par un large dégrèvement, le trésor amène le bon marché, et le bon marché amènera la consommation. C'est là le seul moyen de donner une satisfaction légitime à tous les intérêts et de les concilier, si cela est possible ; en effet, la conciliation que peut apporter un gouvernement au milieu d'intérêts opposés ne consiste pas à ménager l'un aux dépens de l'autre, mais à rendre à tous une égale justice. Le gouvernement en s'appuyant sur cette base n'aurait jamais à se reprocher les conflits de ces intérêts.

Il faut donc réduire le droit sur le sucre de canne à 15 francs par 100 kilogrammes, droit égal à celui que paiera le sucre de betteraves au 1ᵉʳ juillet 1839 ; soit 16 fr. 50 c. avec le décime.

Ce n'est pas au préjudice du trésor que ce dégrèvement aurait lieu ; car, si le gouvernement temporise, s'il reste dans cette voie de demi-mesures et de tâtonnements où il n'a trouvé jusqu'à présent que des mécomptes, nous lui prédisons que, d'ici à peu d'années, le trésor aura à subir, non pas un déficit partiel et momentané, mais un sacrifice total et sans compensation dans l'avenir.

Nous croyons avoir démontré qu'aux colonies écrasées sous l'impôt il ne restait plus qu'un souffle de vie, et que leurs souffrances étaient non pas seulement morales, mais réelles et physiques; en un mot, qu'elles n'avaient plus ni argent, ni crédit, ni moyens d'échange, rien enfin de ce qui constitue la vie matérielle. Que la nouvelle loi soit seulement incomplète, qu'elle ne porte pas au mal qui est profond et invétéré un remède énergique, et c'en est fait de la culture coloniale. Alors, où notre trésor ira-t-il prendre les millions qu'il met aujourd'hui en ligne de compte, qu'il considère comme une rente foncière ou consolidée, et qui, cependant, sont à la veille de lui échapper, à la veille du jour où il aura, en face du déficit, les misères maritimes et coloniales à soulager? Il ne faut pas nous dissimuler qu'après la ruine des colonies, nous ne voudrons pas les abandonner. Notre amour-propre national s'attachera à la conservation du sol. L'intérêt de notre marine militaire nous en fera peut-être une nécessité.

Alors il faudra que le budget satisfasse aux dépenses de tout genre que les colons acquittent aujourd'hui par des contributions locales. Le trésor sait ce que lui coûte Alger. Il peut calculer ce que lui coûteront les colonies, lorsque nous les aurons réduites à l'état de stériles rochers. Ainsi, dans un prochain avenir, le déficit est certain si les colonies ne sont pas sauvées, et l'aggravation des dépenses est inévitable. Des cris de détresse partiront en même temps de notre littoral, et il faudra y répondre par la charité légale et des travaux publics.

Nous ne demandons pas au trésor un sacrifice, lorsqu'en vue de pertes certaines, nous lui conseillons la prévoyance; nous lui disons : Consentez vite à une diminution de recette qui ne sera que momentanée, pour éviter plus tard un déficit considérable.

En effet, la diminution ne sera pas long-temps sensible; elle sera bientôt comblée par un accroissement de consommation, qui, en multipliant les rapports commerciaux, en enrichissant le pays, enrichira le trésor lui-même.

Peut-on dire jusqu'où ira cet accroissement, lorsque la modicité du prix aura mis le sucre à la portée de la classe la plus nombreuse, et qu'une denrée qui est encore un luxe chez nos riches fermiers sera devenue une nécessité pour le plus modeste habitant de la campagne?

Est-ce pousser trop loin nos prévisions que de supposer que la consommation, qui est, en France, d'environ 3 kilogrammes et demi par tête, pourra doubler lorsque le sucre blanc vaudra moins de 5o centimes le demi-kilogramme, et pourra suppléer, pour le plus grand nombre, l'usage du sucre raffiné?

Notre hypothèse n'a rien de chimérique, lorsqu'on

songe qu'en Angleterre la consommation s'élève à plus de 9 kilogrammes par tête.

Si la France, qui compte plus de 33 millions d'habitants, arrivait à consommer seulement 200 millions de kilogrammes, le trésor percevrait 33 millions de francs, malgré le dégrèvement, et le sucre colonial, le sucre de betteraves, bientôt même le sucre étranger, au lieu de se faire une guerre acharnée et de s'exclure mutuellement, pourraient tous entrer dans la consommation. Elle seule doit, avec le *temps*, concilier nos diverses industries, qui n'ont aujourd'hui qu'une seule chose à demander au législateur, l'*égalité*.

Faut-il maintenant répondre aux griefs des fabricants de sucre de betteraves, qui basent leur droit sur un privilége? Qu'avons-nous à dire, si ce n'est que leur privilége est ruineux pour la France, contraire à l'équité et à la loi fondamentale, qui consacre pour tous les Français l'égalité d'impôt? Après cela, déserterons-nous les principes du droit commun pour faire les comptes de revient et établir le bilan d'une industrie dont les procédés sont peu connus, et qui varient suivant les progrès du temps, les lieux où elle s'exerce et l'habileté du fabricant? Une chose nous étonne, c'est que le conseil supérieur du commerce soit descendu à ces détails. Nous lui en tiendrions compte s'il les avait appliqués à des produits français rivaux de produits étrangers; mais, pour des produits similaires du pays, qu'est-il besoin de scruter minutieusement le bénéfice ou la perte qu'ils donnent au producteur?

C'est le droit commun qui seul peut être consulté en pareille circonstance, qui seul doit servir de règle. La concurrence fait le reste, et se charge d'établir le compte de revient de chaque industrie d'une manière bien plus sûre que le conseil le plus éclairé.

Comment, d'ailleurs, établir des calculs pour une industrie qui est dans un état de continuelle contradiction avec elle-même ?

Sans cesse elle nous vante ses progrès constants, ses découvertes inouïes, enfin son bon marché, à tel point qu'un chimiste distingué, qui lui porte de l'affection comme à une pupille qu'il est heureux de voir grandir, assurait dernièrement, à l'académie des sciences, qu'on pourrait bientôt fournir du sucre à sept sous le kilogramme (1).

Puis, lorsqu'il s'agit du principe d'égalité d'impôt pour tous les sucres français, ou même d'un simple dégrèvement pour les sucres coloniaux, l'industrie de la betterave tient un langage tout opposé.

Alors elle se fait jeune, petite, souffreteuse, ayant besoin d'aide et d'encouragement, prête à mourir dès la première réclamation que lui fera la justice du pays.

Ses bénéfices sont nuls, à l'entendre, et cependant elle crée de toutes parts des établissements, et augmente sa production au-delà de toutes les hypothèses qu'on avait pu faire. Un débat judiciaire s'engage entre un fabricant de sucre de betteraves, le plus zélé dé-

---

(1) Voir le compte rendu d'une séance de l'académie des sciences dans le *Journal des Débats* du 27 novembre, par M. le docteur Al. Donné.

fenseur de cette industrie, et son gérant, et le tribu-
nal de Clermont (Puy-de-Dôme) décide qu'après
42 pour 100, prélevés au profit du fabricant, indé-
pendamment des intérêts, une somme très-ronde doit
revenir au gérant, qui n'avait apporté que son travail
dans la société !

Cela n'empêche pas ce fabricant lui-même d'écrire
tous les jours que la betterave est perdue si l'on dé-
grève le sucre colonial. Il a raison : quand on réalise de
beaux bénéfices, il faut tâcher de les faire durer ; ces
profits seraient seulement plus méritoires s'ils ne repo-
saient pas sur une exception au droit commun. Il est
vrai qu'il demande un abaissement de rendement du
sucre brut au raffinage, c'est-à-dire une prime d'exportation, ou l'addition d'un nouveau privilége à un
ancien. On ne peut pas être plus conséquent avec soi
même. Un pareil système n'a d'autre inconvénient que
celui de ruiner les finances du pays et les industries
non privilégiées. Le droit commun, qui est la justice
peut seul obtenir le silence des intérêts rivaux ; ils
n'auront plus de prétexte pour imposer des charges
à l'État, pour l'entraîner à des mesures fausses et pé-
rilleuses, comme celles des primes à l'exportation.

Que les fabricants de betteraves ne se fassent point
d'ailleurs, illusion sur l'avenir de leur industrie. Il
sera celui de toutes les autres. Après avoir abusé de
leur privilége contre le sucre colonial, après l'avoir
chassé de la consommation, ils se feront concurrence
à eux-mêmes, et la guerre entre eux sera tout aussi

animée que celle qu'ils font au sucre de cannes. Ainsi, à un jour donné, et moins éloigné qu'on ne le pense, la concurrence nivellera tout et s'établira de département à département, au lieu d'exister entre la métropole et ses colonies. Pour un privilége qui doit durer si peu de temps, et qui porte avec lui sa peine, à quoi bon être si chaudement injuste, si violemment oppresseur envers ses rivaux ?

Nous demandons le droit commun et l'abolition d'un privilége que rien n'excuse. Si cependant un privilége pouvait être défendu et même justifié, ce serait celui qu'on accorderait aux colonies. D'abord leur industrie est plus ancienne que celle de la betterave ; elle a en sa faveur ce qu'on appelle les *droits acquis*, base principale du système protecteur. Elle paie tribut à la marine française, même pour le sucre consommé à l'étranger, puisqu'il lui est interdit de faire aucune exportation directe, et cette marine lui fait payer un autre tribut de tous les jours pour les marchandises qu'elle seule a droit de lui porter. Peu importe que cette industrie soit à dix-huit cents lieues de chez nous, si elle trouve les moyens d'amener à nos portes la denrée dont nous avons besoin, à un prix égal ou même inférieur à celui d'une industrie locale. La proximité n'a aucun mérite, si elle ne doit être cause ni d'une amélioration dans la qualité, ni d'une douceur dans le prix. La proximité devient un fléau, si elle a pour effet de faire renchérir d'autres denrées dont la nécessité est encore plus grande.

L'éloignement de l'industrie coloniale est, au contraire, une source de prospérité, s'il donne la vie à beaucoup d'autres industries, sans être pour le consommateur une cause de renchérissement.

Tous les motifs militeraient en faveur de la préférence que la législation pourrait accorder au sucre des colonies, si cette préférence elle-même ne devait être un privilége, une atteinte au droit de libre concurrence et d'égalité que les intérêts même les plus impérieux ne peuvent aujourd'hui faire fléchir.

Cette égalité, les colonies et le commerce français ont d'autant plus de droit à la réclamer, que la France a manqué envers eux à la foi promise, aux lois qui faisaient la condition de leur existence, et sous l'empire desquelles ils avaient commencé et développé leurs travaux.

La France, en créant le privilége colonial, se réservait le monopole du marché des colonies, mais elle assurait à celles-ci toute préférence sur le marché français pour la vente de leurs denrées. Cette législation, fondée sur un principe de réciprocité, a été indignement violée le jour où le sucre de betteraves est entré dans la consommation, affranchi de droits qui étaient imposés au sucre des colonies. Celles-ci sont restées soumises aux exigences du monopole français, et, sur notre marché, elles ont été privées, sans aucune indemnité, des avantages que la législation leur avait assurés.

C'est sous la foi de cette législation, en vue des

bénéfices qu'elle pouvait procurer à la culture coloniale, que le commerce maritime a fait des avances
considérables aux planteurs.

Le commerce eût-il versé ces sommes aux colonies pour y développer le travail; les planteurs eus-
sent-ils emprunté, s'il avait été possible de croire que
la France rendrait les colonies victimes du privilége
qu'elle avait institué? Ces avances que le commerce
des ports a faites au travail français dans nos possessions
lointaines, et qu'il faut aujourd'hui considérer comme
perdues, n'avaient-elles pas un but plus utile et plus
honorable que ces prêts à usure faits par les banquiers
de la capitale à des rois ou à des nations qui s'entre-
déchirent? Pourtant le gouvernement est toujours
disposé à donner au moins son appui moral aux prê-
teurs quels qu'ils soient, et quelle que soit la cause
qu'ils aient rançonnée. C'est bien plutôt au commerce
des ports et aux colons, trompés par la législation
française, que le gouvernement devrait un appui et
même une indemnité. Cependant les colons et le commerce maritime ne réclament ni indemnité ni protection : ils ne demandent que justice et égalité.

On se rappelle les réclamations de l'industrie manufacturière contre les droits imposés aux charbons anglais, et surtout contre l'inégalité de ces droits, qui
variaient suivant la zone dans laquelle on avait rangé
chaque partie du littoral.

Pour justifier ces droits, on donnait un motif basé
sur le principe de toute notre législation. Il s'agissait

de protéger les houilles françaises contre les charbons anglais. Mais le principe, si puissant qu'il soit en France, a fléchi devant la nécessité plus impérieuse encore.

La houille est le pain quotidien de l'industrie, et on a jugé, avec raison, qu'elle devait l'avoir abondant et à bon marché, de quelque côté qu'il vînt.

Le sucre est à la navigation et au commerce maritime ce que la houille est au travail industriel. Que la houille manque à l'industrie, et peu à peu vous la verrez s'éteindre comme le feu qui lui donnait la vie. Que notre navigation n'ait plus le transport des sucres, que cette denrée ne puisse plus servir d'échange à notre commerce, et notre marine aura cessé de vivre.

Comment une protection retirée aux houilles françaises contre des charbons anglais subsiste-t-elle encore en faveur du sucre de betteraves contre un autre sucre français, contre la navigation nationale, contre le commerce d'échange qui sert de débouché à notre industrie manufacturière ?

Cette industrie a plaidé sa cause avec chaleur, et l'a gagnée en invoquant la nécessité.

Pourquoi la navigation, qui a la même loi suprême à faire valoir, et qui, en outre, a pour elle, dans le passé, les droits acquis, dans le présent le principe d'égalité, serait-elle sacrifiée à des intérêts nouveaux et privilégiés ?

NÉCESSITÉ DE LA SUPPRESSION DES DISTINCTIONS DE NUANCE SUR TOUS LES SUCRES FRANÇAIS.

L'égalité en matière d'impôt est une condition d'existence indispensable à toute industrie ; mais il ne faut pas que cet impôt soit combiné de manière à empêcher tout perfectionnement, à étouffer le principe même du progrès. Telle est cependant la situation que nos lois ont faite à la fabrication coloniale. Lorsque cette fabrication a voulu améliorer ses anciens procédés et blanchir un peu la nuance de ses sucres, encore aujourd'hui repoussante pour le consommateur, la loi est intervenue pour frapper ce perfectionnement d'un nouvel impôt, et d'une manière si démesurée qu'il a été étouffé à sa naissance (1). Cette loi qui a établi les distinctions de nuance, et qu'un ancien député (2) a justement flétrie, lors de la discussion, de l'épithète de *sauvage*, ne date que de 1834. Il n'y a pas moyen d'en rejeter l'odieux sur la restauration. C'est à une chambre sortie de la révolution de 1830, et qui avait choisi pour rapporteur un homme distingué par ses connaissances en économie politique, depuis devenu ministre du commerce, qu'est due cette loi empreinte d'un esprit si rétrograde, qu'on la croirait plutôt empruntée au code d'une nation qui a pros-

---

(1) Le droit de 49 fr. 50 c. par cent kilogrammes sur les sucres bruts, autres que blancs, a été porté à 66 fr. sur les sucres bruts blancs.

(2) M. de Mosbourg.

crit l'industrie qu'à celui d'un peuple qui prétend la favoriser. Il est vrai qu'en frappant d'une manière si brutale sur le progrès, on croyait frapper encore sur les colonies, et qu'aux yeux de beaucoup d'hommes, il n'est pas de maux qu'elles ne soient dignes d'endurer.

Qu'on ne vienne donc pas dire que les colonies ne veulent pas perfectionner leur fabrication, qu'on cesse de nous parler de l'apathie où les a laissées leur prétendu privilége d'autrefois ; c'est la métropole qui abuse envers elles de son autorité législative, au point de vouloir les maintenir dans l'immobilité, comme si l'immobilité, au milieu du progrès général de l'industrie, n'était pas une sentence de mort pour celle qui en est frappée. Ainsi, dans la métropole, nous donnons des brevets d'invention, des primes d'encouragement, des médailles à ceux qui, dans les arts agricoles ou industriels, font la moindre découverte ; nous faisons plus : pour exciter l'émulation générale, nous construisons à grands frais des palais où toutes les industries vont exposer leurs merveilles, et où des prix seront décernés à ceux qui, par une heureuse innovation, auront tant soit peu devancé leurs rivaux. C'est notre budget qui fait les frais de cet appel national au génie de l'invention ou du simple perfectionnement. Pour nos colonies, auxquelles il n'est réservé que la ruine, c'est un système tout contraire. Veulent-elles faire, sans aide et comme malgré nous, quelque perfectionnement, aussitôt on les arrête, on les écrase par un droit prohibitif. C'est là un genre d'injustice et d'oppression qui ne devrait plus être de notre siècle.

Le gouvernement veut donc que les colons, insensibles aux progrès que font leurs concurrents indigènes, continuent de nous envoyer du sucre brut autre que blanc, c'est-à-dire un sucre plein de matières étrangères, un sucre qui, soumis aux procédés du raffinage, subit un énorme déchet, et par cela même ne peut être vendu qu'à vil prix. Son infériorité empêche qu'il n'aille directement à la consommation, aujourd'hui si difficile et si exigeante.

Pour justifier le système de distinction des nuances, on invoque des motifs aussi barbares, aussi peu dignes des idées reçues aujourd'hui que le système lui-même. C'est, dit-on, en faveur de la navigation et de la raffinerie que l'on maintient ces distinctions ; si elles étaient abolies, nos navires auraient moins de sucre à transporter, puisqu'il serait plus épuré ; nos raffineries moins de sucre à travailler, puisqu'une partie du sucre colonial pourrait, à un certain degré de blancheur, être directement livrée à la consommation. N'est-ce pas la théorie de ceux qui pensent qu'il faut briser les machines parce qu'elles empêchent l'emploi des bras ? Tout le monde sait cependant que la population n'a jamais été plus activement employée que depuis l'introduction des machines. De même, la navigation aurait tout à gagner aux perfectionnements que l'on empêche dans son prétendu intérêt. Aujourd'hui elle transporte des sucres, qui, d'abord soumis à l'action d'une chaleur excessive sous les tropiques, puis concentrés dans la cale des navires où l'air est intercepté, perdent leur densité, fermentent, se transforment en sirop, et laissent après le pesage d'arrivée une énorme différence sur le poids de sortie. Cette différence est tout entière au détriment de l'armateur qui ne reçoit plus qu'un fret inférieur au tonnage réel de son navire. Il lui serait donc bien plus avantageux de transporter un sucre qui eût plus de blancheur et de consistance. On ajoute que cet avantage n'existerait que pour les navires qui trouveraient un chargement, et que beaucoup d'autres en seraient privés par le seul fait du perfectionnement apporté à la matière première. Dites plutôt qu'il faudrait augmenter le nombre des navires ; car plus le sucre sera perfectionné avant son arrivée en France, plus il en sera consommé, et plus il faudra en transporter. La fabrication coloniale périra, si on ne lui rend la liberté ; si elle l'obtient, elle peut faire des pas de géant, et plus sa course sera rapide, plus la navigation qu'elle emploie y trouvera de profits.

Dans le cas où la consommation ne s'accroîtrait pas en proportion du bon marché, et, ce qui n'est pas présumable, où la matière première étant moins lourde et plus compacte, quelques navires ne trouveraient plus de chargement, est-ce à dire que l'industrie coloniale devrait rester à l'état informe et barbare ? Autant vaudrait prétendre qu'il faut renoncer à notre construction moderne, pour revenir aux vieux navires, qui, avec une marche plus lente et des manœuvres plus difficiles, avaient le singulier avantage d'être beaucoup plus longs dans leur traversée et d'employer plus de matelots.

Est-ce donc à des considérations de ce genre que nous céderons pour gouverner nos colonies?

Vient ensuite l'intérêt de la raffinerie, pour laquelle on a craint que le sucre blanc des Antilles n'allât directement à la consommation. Eh! pourquoi pas? Y aurait-il grand mal à ce que le travail fait dans la métropole eût lieu dans les colonies, qui sont obligées de nous rendre d'une main ce que nous leur donnons de l'autre? Trente millions de consommateurs qui obtiendraient le sucre à de plus douces conditions méritent-ils moins d'intérêt que quelques raffineurs, dont le travail occupe peu de bras, il est vrai; mais dont la prépondérance a toujours été excessive dans les chambres, et en vue desquels la législation des sucres a trop souvent été faite?

Chaque industrie doit avoir d'ailleurs sa consommation spéciale. C'est aux classes riches ou aisées que convient surtout le sucre raffiné; le sucre blanc serait consommé par la classe la plus nombreuse, qui a besoin du bon marché : la raffinerie a donc peu à craindre cette concurrence.

Toutes les objections que l'on peut opposer à la suppression des distinctions de nuance reposent sur cet injuste principe, que les colonies doivent être sacrifiées à la métropole. Par l'application de ce principe, on les a menées au précipice en face duquel elles se trouvent aujourd'hui, et ce principe sert encore de base au projet de loi dont nous avons démontré l'inefficacité.

Rendons cette justice à M. Duchâtel, que, dans sa loi de 1837, il avait proposé la suppression des distinctions de nuance. Cette proposition était fondée sur la nécessité du progrès, loi suprême de l'industrie ; espérons que la chambre lui donnera enfin la sanction législative, et que bientôt les sucres bruts français, quelle qu'en soit la nuance, quelle qu'en soit l'origine, seront assujettis à un tarif uniforme.

ABOLITION DE L'ESCLAVAGE DANS SES RAPPORTS AVEC LA CULTURE COLONIALE.

L'abolition de l'esclavage n'est pas encore un principe écrit dans la loi ; mais d'avance l'opinion publique l'a proclamé. On diffère sur le temps, sur les moyens ; mais, pour tous, le but est le même. Deux systèmes sont en présence pour y arriver : l'un veut l'abolition complète et immédiate de l'esclavage, l'autre son extinction partielle et progressive. Quel que soit le système que la France adopte, elle est décidée à changer la constitution sociale des colonies. Il était encore permis d'en douter avant que la chambre des députés prît en considération la proposition de M. Passy. Après ce vote, ceux qui croiraient qu'un pas rétrograde est possible se feraient illusion. La question a marché, il faut la suivre. L'émancipation dans les colonies anglaises est devenue définitive, et, quels que soient ses résultats, nos colonies ne peuvent échapper à une pareille influence.

Combien cependant est pénible la situation d'un pays que ruinent de mauvaises lois économiques; où la culture est sur le point d'être abandonnée, où le crédit a disparu, et auquel la France apporte, pour compenser tant de maux, une révolution sociale dont le succès même inspire des doutes à ses plus zélés partisans? Ce n'est pas que nous soyons les adversaires de cette révolution; nous la trouvons juste en principe, nécessaire à cause des temps. Pour nous, telle est cette nécessité, que, si les lois qui doivent la consacrer avaient pu être discutées avant la question économique, nous nous en serions vivement applaudis.

Nul doute qu'après avoir sapé par la base l'ancien édifice colonial, les chambres n'eussent éprouvé quelque compassion pour ses habitants. Nul doute qu'après avoir jeté les fondements d'une nouvelle société, les chambres ne s'y fussent intéressées comme à une création dont elles devenaient responsables dans l'avenir. Peut-être qu'alors la sympathie et la protection pour toutes les classes des colonies eussent fait place dans l'esprit de certains députés à d'anciennes préventions. L'opinion qui, en France plus qu'ailleurs, est souveraine, et qui aujourd'hui est injuste envers les colonies, parce que l'esclavage y règne encore, et que le mot d'esclavage lui est odieux, l'opinion ne serait plus la même, si la législation avait réglé les conditions qui doivent mener les esclaves à la liberté. Mais que faire aujourd'hui en faveur des colonies, même avec la meilleure des causes, en face d'une opinion enthousiaste pour un principe, sans qu'elle ait sondé ses difficultés d'application; peu préoccupée des intérêts engagés parce qu'elle ne songe point à l'avenir, et habituée à ne voir dans les colons que les ennemis du principe qu'elle veut faire triompher? Lorsqu'on défend une cause, et que cependant on ne trouve autour de soi d'autre écho que celui des intérêts froissés; lorsqu'enfin la sympathie publique nous manque, malgré le bon droit, malgré l'invocation des principes les plus sacrés, il faut bien reconnaître qu'au fond de cette cause il y a quelque vice caché. Ce vice, c'est l'esclavage; c'est au moins celui que l'opinion publique, et surtout ceux qui ont de l'influence sur elle, reprochent sans cesse et aux colons et à leurs défenseurs. Contre ce reproche viennent échouer tous leurs efforts; c'est en vain qu'ils font un appel au temps qui peut seul effacer les longues injustices, et réparer d'une main sûre des maux anciennement accomplis. La sincérité de leur langage est prise pour le mensonge, les ménagements et le temps qu'ils réclament sont considérés comme des moyens dilatoires suggérés par un esprit de réticence ou de mauvaise foi.

La question des sucres et des intérêts maritimes de la France est donc secondaire pour l'opinion; elle y est presque indifférente, parce qu'elle n'en voit pas les conséquences, et parce que la tribune nationale, au lieu de l'éclairer, l'a malheureusement entretenue dans de funestes illusions. Pour elle, la question capitale, c'est l'abolition de l'esclavage. Le principe une fois obtenu, vous verriez ses sympathies revenir aux colons, bien plus vite que celles des chambres, car les intérêts individuels n'ont jamais sur les masses la même influence que sur une assemblée.

C'est donc pour nous une chose tout-à-fait regrettable que la loi d'affranchissement ne marche pas de pair avec la loi économique. L'une eût servi de passeport à l'autre ; on eût voulu assurer du travail à la population qu'on aurait affranchie. Les intérêts politiques et matériels des colonies eussent pu alors être envisagés dans leur ensemble, et, comme ils se lient d'une manière intime, l'on n'eût pas été exposé, comme aujourd'hui, à faire une œuvre incomplète, à bâtir peut-être sur le sable. Si l'on n'accorde pas une entière satisfaction à l'industrie coloniale, le travail disparaît, et c'est sous les auspices de la paresse et de la misère que plus tard la liberté fera son triste début dans nos colonies. Le noir que l'on accuse d'aimer peu le travail n'en aura pas même les éléments. Le salaire qui aurait pu exciter son zèle lui aura été d'avance retiré. Le colon, ruiné et sans espoir, émigrera en Europe et laissera le champ libre à une population pleine d'oisiveté, et surtout d'inexpérience.

« Il n'est pas indifférent, dit le rapporteur de la » proposition de M. Passy, que la réforme s'opère au » milieu d'une société prospère et riche, ou d'une

» société nécessiteuse et souffrante. Tout est facile à
» qui se sent en confiance et en progrès. »

Tout est impossible, ajouterons-nous, à ceux qui
sont dans le découragement et la misère.

Qu'ils rendent alors un peu de courage aux colons
ceux qui veulent l'affranchissement des noirs, et qui ne
le veulent pas seulement pour se faire un nom et ac-
quérir une facile popularité, mais encore pour le bien-
être réel de la population dont ils plaident la cause.
Les colons peuvent mieux que d'autres, seuls peut-être,
initier aux mœurs de la civilisation les noirs affranchis, et sans travail il n'est point de civilisation possible. Ne brisez donc pas entre les mains du colon l'in-
strument même du travail. Déjà il lui échappe, tant
vous avez porté chez lui de découragement, tant vous
l'avez rendu nécessiteux et souffrant. Ce n'est pas la
richesse, ce n'est pas même la prospérité que la société
coloniale réclame aujourd'hui, c'est le moyen de vivre ; celui-là lui manque. Ne la favorisez point, ne lui
venez pas en aide par des largesses, mais seulement par
la suppression du privilége qui l'opprime : voilà tout
ce qu'elle réclame.

A ce prix elle vous secondera dans vos projets de
réforme. Elle aura confiance en elle et en vous. Mais
vous voulez qu'une société à laquelle des lois de douane
rendues depuis 1830 interdisent tout progrès dans son
industrie ait foi dans la sincérité de vos paroles quand
vous lui parlez de progrès social! Vous espérez
qu'une société qui se voit sacrifiée dans ses intérêts

matériels, et que nous sacrifions sans avoir l'intelligence de nos propres intérêts, croie à notre infaillibilité, ou même seulement à notre bon vouloir dans la direction de ses intérêts moraux! Vous prétendez qu'une société qui nous demande la liberté commerciale et à qui nous la refusons ait confiance dans nos protestations de libéralisme!

Comment s'étonner de ce qu'une société qui contient si facilement l'esclavage, et qui est encore si calme au milieu d'une misère générale, éprouve quelque appréhension de changer un ordre de choses qui est injuste, qui ne peut durer, mais qui lui laisse au moins l'ordre et le repos?

Les colons jettent les yeux sur nos réformateurs, et ils les voient en proie à toutes sortes de divisions politiques, prêts sans cesse à recourir à la force, ou reniant leurs doctrines de la veille! Nos journaux viennent leur apprendre que dans la métropole le suicide est à l'ordre du jour, que les crimes augmentent dans une proportion effrayante et que les récidives ont doublé depuis moins de dix ans! Et l'on veut qu'ils soient bien édifiés sur notre compte, et que les préjugés, s'il en reste parmi eux, ne conservent pas quelque empire!

Pourquoi un pays qui a pour vivre un genre de culture réellement profitable aurait-il confiance en des réformateurs qui osent lui dire gravement : « Renon-» cez à votre culture? »

S'il faut que les colons renoncent à leur ancienne

culture, s'il faut qu'ils perdent leurs esclaves, sans qu'une indemnité leur soit allouée, que leur restera-t-il?

Dépouillez-les franchement et loyalement, faites-leur expier par la misère le tort de posséder des esclaves; mais n'imaginez pas des expédients sans portée, qui, sous le vernis de la prévoyance et de la philantropie, ne sont en réalité que de la spoliation.

Renoncez à votre culture, c'est-à-dire à vos moyens d'existence! Voilà le gage de paix offert à la société coloniale, alors qu'on vient lui demander l'abolition du principe d'esclavage, et qu'on a sans doute la légitime prétention de lui démontrer la nécessité d'une réforme sociale, ou au moins d'atténuer sa résistance à cette réforme.

« Il est évident, dit M. le rapporteur de la commis-
» sion, que l'industrie sucrière subit en ce moment
» une révolution. Les colonies, qui ont sacrifié depuis
» quinze ou vingt ans toutes leurs autres productions
» à une seule, peuvent difficilement persister dans la
» même marche. On doit s'attendre à des changements
» dans leur économie agricole et commerciale qu'un
» gouvernement prévoyant fera tourner au profit de
» l'émancipation. »

Libre à vous de dire aux colonies que l'industrie sucrière subit une révolution, et qu'elles peuvent difficilement persister dans la même marche. De vous dépend le sort de cette révolution; dans vos mains sont les destinées des colonies, et si vous les laissez courbées sous les priviléges d'une industric rivale, vos désastreuses prédictions pourront se réaliser. Libre à vous, réformateurs, de ne laisser que des ruines là où nous voudrions, dans un esprit de conservation et de justice, faire revivre une ancienne prospérité.

Mais ce qui vous est interdit, c'est de nous faire connaître ces changements dans l'économie agricole et commerciale des colonies, auxquels, dites-vous, *on doit s'attendre* et que nous n'attendons pas.

Ce qui vous est interdit, c'est d'étendre votre prévoyance ou celle du gouvernement sur ces futurs changements, car les colonies seront mortes avant que votre expérience soit consommée, peut-être même avant qu'elle ait commencé.

Quand on enlève à un pays sa principale substance, que signifient des ressources qui se résolvent en des espérances sur un changement possible?

Dites donc à la France de ne plus cultiver de céréales, et dites-nous surtout ce qu'il faudra répondre à la population affamée, à l'heure de la disette?

« Mais les colonies, qui ont sacrifié depuis quinze ou
» vingt ans toutes les autres productions à une seule,
» donneront de nouveau leurs soins à ces anciennes
» productions! »

Pour les futurs changements on peut accorder un vaste champ à l'imagination ; mais, pour ce qui s'est fait dans le passé, et surtout dans un passé encore tout récent, l'imagination devrait au moins faire place à la statistique. Or, nous vous avons déjà appris que la diminution dans la culture du café était insensible, et que cette diminution amenée par les éléments était indépendante de la volonté des planteurs. Nous ne croyons pas que l'esprit de réforme puisse ramener une terre féconde sur les mornes qui en ont été dépouillés par les torrents.

On a diminué aussi la culture des cotons! Mais pourquoi les filatures françaises donnent-elles la préférence aux cotons des États-Unis? C'est à cause de cette préférence que les noirs de St-Domingue ont aussi abandonné la culture du coton qui n'était cependant pas plus difficile que celle du café.

Faudra-t-il produire l'indigo? mais celui du Bengale trouve seul aujourd'hui des acheteurs à un prix convenable. Nos savants n'ont-ils pas d'ailleurs déjà découvert une plante (1) qui bientôt nous donnera un indigo indigène et des tarifs protecteurs?

Cessez donc d'accuser la culture coloniale. Depuis quinze ou vingt ans, elle n'a point sacrifié ses autres productions à une seule; mais elle a été progressive malgré vous; elle a défriché de nombreux terrains et successivement augmenté ses plantations sucrières.

Est-ce la culture du mûrier et l'éducation du ver à soie que vous destinez aux colonies? Oui peut-être; mais vous ignorez, comme nous, si elle réussira. Je désire son succès; mais, dans votre système, vous devriez former un vœu contraire, car la soie produite dans les

---

(1) Poligonum tinctorium.

Antilles serait à la soie française ce que le sucre colonial est au sucre indigène, et votre avis est que les colonies, où la production du sucre ne connait d'autre obstacle que celui de vos tarifs, « *ne doivent pas per-* » *sister dans la même marche.* »

Nous ne voyons qu'un changement possible dans l'économie agricole des colonies, c'est la perturbation que vous allez y apporter, en sacrifiant une culture qui pourrait faire leur richesse, pour y tenter des expériences qui ne sont encore que du domaine de l'imagination.

S'il est donc vrai qu'une réforme s'opère mieux au milieu d'une société prospère que d'une société nécessiteuse; si vous voulez réellement pour les noirs une réforme utile et fondée sur le travail, sans lequel il n'y a ni discipline, ni instruction, ni moralité possibles; si enfin vous voulez pour les enfants de la race africaine un progrès réel, une civilisation durable, et non pas seulement une liberté vagabonde, conservez la vie à vos colonies, conservez la culture qui fait leur existence, conservez le travail à la population que vous voulez émanciper; la religion le sanctifiera. Mais, pour un peuple sans travail, sans bien-être, sans émulation, en vain enverrez-vous des prêtres, bâtirez-vous des chapelles, décrèterez-vous la religion.

Dans nos sociétés modernes où le sentiment religieux est malheureusement si affaibli, que resterait-il pour nous diriger s'il n'y avait une foi profonde dans les avantages que procure le travail, et si toute notre activité n'était dirigée vers ce but?

Les Anglais ont émancipé les noirs, mais sans cesser pour cela d'être justes envers les colons. Pour la liberté des esclaves, ils ont donné une indemnité au maître. Pour qu'une industrie indigène ne vînt pas impunément envahir celle du colon, ils ont voulu que dans leurs lois le principe d'égalité d'impôt ne fût pas violé. Cette justice est un acte de prévoyance pour les affranchis eux-mêmes. Elle leur assure le travail.

Qu'aurait-on pensé dans le parlement anglais d'un orateur qui serait venu dire, à propos de l'abolition de l'esclavage : « *Il faut s'attendre à des change-* » *ments dans l'économie agricole de nos colonies,* » sans indiquer en même temps la nature de ces changements ?

Les rapports qui unissent la question économique à la loi d'émancipation sont intimes. Pour cette émancipation il faudra une indemnité ; le trésor pourra la trouver dans les droits imposés au sucre colonial : conservons donc cette culture dans l'intérêt de la métropole, et même dans celui de l'émancipation, si nous voulons donner à l'abolition de l'esclavage une base solide, le travail et le bien-être.

RÉSUMÉ.

La France a poussé l'injustice envers ses colonies jusqu'aux dernières limites. Elle s'est réservé le monopole de leur approvisionnement, et leur a enlevé le privilége dont elles jouissaient pour la vente de leurs produits. Obligées d'acheter à un prix onéreux et de vendre à vil prix, les colonies ont successivement épuisé leurs ressources. Sans cesse elles ont renouvelé leurs plaintes, toujours leurs plaintes ont été repoussées. Il ne leur reste plus aujourd'hui que la misère et le découragement. Cette misère réagit à son tour sur les intérêts français. Nos produits agricoles et manufacturés ne trouvent plus de débouché aux colonies. Les recettes de la douane subissent une diminution qui ne peut être que progressive. Notre navigation est plus menacée que s'il s'agissait d'une guerre maritime, car après un désastre passager elle reprendrait son ancienne activité ; après la ruine des colonies, elle sera ruinée elle-même, parce que notre système de protection lui a presque fermé la route des mers.

La marine militaire pourra être entraînée dans la décadence de notre marine marchande, et l'État se sera ainsi privé volontairement de l'élément de puissance le plus énergique et le plus étendu qu'aient les temps modernes. Pour remède à des maux aussi graves, le gouvernement annonce des mesures dont nous avons démontré l'inefficacité.

Ces mesures laissent encore subsister, en faveur de l'industrie de la betterave, un privilége qui est un principe de mort pour nos colonies.

Nous demandons l'abolition de ce privilége, ou, en d'autres termes, le dégrèvement des sucres coloniaux jusqu'au niveau de l'impôt acquitté par le sucre indigène. Nous réclamons encore la suppression des surtaxes qui pèsent sur les produits perfectionnés des deux industries, et qui, surtout pour l'industrie coloniale, sont un obstacle à tout progrès. Si le gouvernement, au lieu de s'attacher au principe d'égalité, et de le poser immédiatement dans la loi, a recours à des mesures transitoires, et laisse encore pencher la balance en faveur du privilége, c'en est fait des colonies, et, lorsqu'il voudra les ressusciter, il ne sera plus temps

Le principe d'égalité d'impôt, que nous réclamons pour les colons et la navigation française, nous l'invoquons aussi en faveur des esclaves pour lesquels l'heure de la liberté sonnera bientôt, et qui à cette heure auront besoin de travail. La France doit ne point en tarir la source par des taxes inégales, qui, dans quelques jours, auront anéanti la culture coloniale.

Les colonies ont de nombreux adversaires dans les chambres, des adversaires intéressés, et d'autres auxquels le mot d'esclavage est odieux.

Aux propriétaires du sol nous dirons : Songez que toute la législation économique est faite en votre faveur, que l'influence politique vous a été dévolue, et que si, vous voulez la conserver, il est de votre intérêt de ne point vous poser comme les défenseurs d'un privilége.

Aux intéressés de la betterave nous dirons : N'oubliez pas que vous êtes juges dans votre cause, et que les colons ne sont pas représentés à la chambre.

Aux raffineurs, toujours prépondérants dans la question des sucres, parce que beaucoup d'entre eux ont occupé dans l'État des fonctions élevées, il nous suffira de dire : Jouissez de votre prospérité, du fruit de vos primes d'exportation, et jetez un coup d'œil de pitié sur la misère des colonies ; la compassion fait quelquefois naître la justice.

Enfin, c'est aux partisans de l'abolition de l'esclavage que nous espérons le plus facilement faire comprendre les intérêts que nous défendons. Les hommes qui veulent la liberté des noirs veulent aussi que le travail leur soit assuré au jour de la liberté. Qu'ils soutiennent donc avec nous les droits de la culture coloniale, en se basant sur le principe d'égalité, invoqué par eux-mêmes avec tant de raison pour la race africaine.

Députés de la France, qui vous agitez si violemment pour un territoire que va perdre la Belgique, pour une garnison enlevée à l'Italie ; qui êtes si fiers de quelques sables conquis en Afrique, comment resteriez-vous calmes et impassibles en face de la plus grande question qui puisse se présenter aujourd'hui? Songez qu'il s'agit, pour des pays français, d'une question de vie ou de mort, et que cette question soulève le principe de liberté commerciale, d'égalité d'impôt, d'affranchissement des esclaves ; enfin le principe de votre puissance maritime, puissance qui manqua à l'Empire et que ses victoires sur le continent ne purent jamais suppléer.

Je dirai donc avec cet éloquent orateur de la chambre des pairs, qui a si énergiquement défendu la Belgique : *Il faudrait que la France fût plongée jusqu'au cœur dans le bitume et la betterave*, pour laisser périr la navigation, source de prospérité pendant la paix et de puissance pendant la guerre.

www.ingramcontent.com/pod-product-compliance
Ingram Content Group UK Ltd.
Pitfield, Milton Keynes, MK11 3LW, UK
UKHW022259120726
13694UKWH00003B/1129